本书的研究出版得到了国家社科基金项目（15BFX158）、中国政法大学大健康法治政策创新中心、中国政法大学第六批青年创新团队项目（19CXTD08）的资助！

我国反就业歧视法实施机制构建研究

王显勇 ○ 著

中国政法大学出版社

2021·北京

声　明　1. 版权所有，侵权必究。

　　　　2. 如有缺页、倒装问题，由出版社负责退换。

图书在版编目（CIP）数据

我国反就业歧视法实施机制构建研究 / 王显勇著.—北京：中国政法大学出版社，2021.12

ISBN 978-7-5764-0194-3

Ⅰ.①我… Ⅱ.①王… Ⅲ.①劳动就业—劳动法—研究—中国 Ⅳ.①D922.504

中国版本图书馆CIP数据核字(2021)第269251号

出 版 者	中国政法大学出版社
地　　址	北京市海淀区西土城路 25 号
邮　　箱	fadapress@163.com
网　　址	http://www.cuplpress.com（网络实名：中国政法大学出版社）
电　　话	010-58908435(第一编辑部) 58908334(邮购部)
承　　印	固安华明印业有限公司
开　　本	720mm×960mm　1/16
印　　张	10.75
字　　数	160 千字
版　　次	2021 年 12 月第 1 版
印　　次	2021 年 12 月第 1 次印刷
定　　价	49.00 元

前　言
反就业歧视法的光影照亮前行之路

我国目前虽然没有颁布专门的反就业歧视法，但是反就业歧视法律制度却客观存在于《劳动法》[1]和《就业促进法》之中。反就业歧视法保障公民平等就业的基本权利，其超越了一般意义上的侵权行为法。我们需要提升对反就业歧视法的本质性认识，推动理论创新和制度建设，促进公平就业，确保反就业歧视法的光影能够照亮每个人的前行之路。

一、反就业歧视法的立法目的：确保机会均等促进社会融合

为何要通过反就业歧视法设定不得实施就业歧视的法定义务？这是反就业歧视法存在的理论根基问题。按照民法原理，民事主体原则上并没有平等对待他人的义务，民事主体按照自己的自由意志从事民事行为时是可以爱有等差的。反就业歧视法毫无疑问是这一原则的例外。反就业歧视法之所以要对用人单位设定平等对待他人的法定义务，原因就在于生存就业是每个人的基本要求，平等就业是每个公民全面参与社会经济政治活动的基础，平等就业是个人发展和社会融合的基础。

反就业歧视法确立机会均等的平等观，旨在于促进社会融合，实现社会公平。反就业歧视法强制性地要求用人单位在劳动就业领域实行兼爱，确保劳动者的就业机会均等，推动不同群体之间的社会融合，保障每个人在公平

---

〔1〕《劳动法》，即《中华人民共和国劳动法》，为表述方便，本书中涉及的我国法律直接使用简称，省去"中华人民共和国"字样，全书统一，不再赘述。

的社会环境中都有获得成功的机会。反就业歧视法倡导量能雇佣，引导用人单位依照工作能力择优录用，消除主观恶意和传统偏见，让每个人都有均等的机会参与劳动力市场竞争。

二、反就业歧视法保护的群体特征：就业歧视本质是群体利益冲突

反就业歧视法禁止多种归类因素，这些受保护的群体特征彰显就业歧视本质上是群体与群体之间的利益冲突。就业歧视是"由于某些人是某一群体或类属之成员而对他们施加不公平或不平等的待遇"[1]，"这种不公正的对待不是基于他们的表现，而是基于他们属于什么样的群体"[2]。我国《就业促进法》第三章"公平就业"中规定，禁止基于民族、种族、性别、宗教信仰、残疾人、传染病病原携带者、农村劳动者等七种归类因素实施就业歧视行为。随着社会经济的发展，反就业歧视法保护的群体特征还会不断地扩展，它们大部分都是与生俱来的群体性特质。如果法律不能消除这种不公正的社会现象，后天再努力也无济于事。这其实表明，就业歧视是社会强势群体对弱势群体的单边行动，就业歧视的本质不是个体利益冲突，而是群体利益冲突。

就业歧视并不仅仅是歧视行为人和受害人的事情，它关涉公民的基本权利，关乎社会公共利益，这也是国家立法和行政介入的法理基础之所在。如果用人单位的人事决策不是基于工作能力，而是基于个人与生俱来无法改变的个人特质或社会特质而将某一群体排除在外，不给予其参与劳动力市场竞争的均等机会，反就业歧视法就应当基于平等原则进行干预，禁止用人单位基于民族、种族、性别、宗教信仰等因素做出人事决策，要求用人单位将法律所禁止的因素从人事决策中排除出去。反就业歧视法的干预性做法既保障劳动者的就业机会均等，又符合用人单位的根本利益。消除偏见有利于用人单位招用更为优质的人才，更好地参与市场竞争。因为具有受保护特征的那些群体成员绝大部分并非工作能力处于劣势，很多时候只是一种偏见。

---

[1] [美]戴维·波普诺：《社会学》，李强等译，中国人民大学出版社2004年版，第306页。
[2] [美]托马斯·吉洛维奇：《社会心理学》，周晓红、秦晨等译，中国人民大学出版社2009年版，第279页。

三、反就业歧视法禁止的就业歧视行为：并非单纯的侵权行为

一种歧视行为必须足以证明具有某种社会类属的群体特质，而不是个体独有的或个人品质的问题。但歧视又得透过对个人的伤害来呈现。[1]反就业歧视法中客观存在着两种利益：一种是群体化的社会利益；一种是群体化的个人利益。不得实施就业歧视的禁止性义务是对谁的义务？是对遭受歧视的个体劳动者的私法义务，还是对国家的公法义务？这取决于群体化的社会利益能否经由立法上升为普遍的社会公共利益。目前世界各国或地区的反就业歧视法有两种立法模式：第一种模式是群体化的社会利益未能上升为社会公共利益，而是通过群体化的个人利益来表达。这种立法模式认为就业歧视是群体化的个人与用人单位、人力资源服务机构之间基于法律规定所产生的权利义务关系，其中内含群体化的社会利益，但是这种群体化的社会利益尚未经由立法程序上升为社会公共利益，而只能经由群体化的个体利益的维护机制间接实现；第二种立法模式是群体化的社会利益上升为社会公共利益，具有独立的表达机制。这种立法模式认为，就业歧视不仅仅是群体化的个人与用人单位、人力资源服务机构之间基于法律规定所产生的权利义务关系，同时也是国家与用人单位、人力资源服务机构之间的权利义务关系。在此模式下，群体化的社会利益经由立法程序上升为社会公共利益，并通过专业机构与执法机制予以专门维护。

正是基于对于群体化社会利益的不同认识，世界各国或地区的反就业歧视法的性质与制度设计由此分野。如果将群体化社会利益纳入社会公共利益而予以独立表达，反就业歧视法就超越了私法的界限，而进入到公法的领域。毫无疑问，我国一直试图采用的是第二种模式，就业歧视行为就不仅仅是单纯的侵权行为，而且属于侵害社会公共利益的违法行为。

四、反就业歧视法的平等促进措施：肯定性行动

反就业歧视法规定了平等促进措施，加强对残障人群、女性群体等特

---

[1] [美] 凯瑟琳·麦金侬：《性骚扰与性别歧视——职业女性困境剖析》，赖慈云、雷文玫、李金梅译，时报文化出版企业有限公司1993年版，第147页。

定群体的法律保障：其一，加强反就业歧视法制宣传教育，消除社会偏见，提高平等意识，凝聚社会共识。法律需要消除社会偏见，残障人士、女性并不是工作能力上的弱者，而是仅仅身体或者生理存在差异，这种差异可能会给工作带来一些额外的负担。其二，法律应当将重心放在如何消解这种因身体或者生理所产生的额外负担。这些额外负担应当通过社会化途径和企业社会责任予以解决。实行教育均等化和公共服务均等化，以便特定群体在进入劳动力市场时能够凭借工作能力与他人同等竞争。完善社会保障制度，将女性因生理原因所产生的额外负担通过社会保障制度予以化解，消除用人单位的顾虑。其三，对特殊就业困难群体开展肯定性行动，帮助其实现平等就业权。国家要采取积极行政加以调控，对于残障人士等特殊困难就业群体实行肯定性行动，采取配额制、行政合同、行政指导以及就业援助制度，促进这些特殊困难群体实现其工作权。

五、反就业歧视法如何实现：多元综合实施

反就业歧视法突破了传统私法中个人利益实现机制，突破了传统公法中公共利益实现机制，产生了多元综合实施理论，形成独特的多元综合实施模式。反就业歧视法包含了行政实施、社会实施、个人实施三种实施机制，三者相互融合，特色鲜明，共同保护群体化的社会利益和群体化的个人利益。群体化个人利益在个人自我实施机制之外，还可以通过行政实施机制、社会实施机制得以实现。社会公共利益在行政实施机制之外，还可以通过支持起诉、以自己的名义代表受害人起诉等新型的公共实施机制来实现，还可以通过惩罚性赔偿制度、公益诉讼、补偿合理的律师费和调查费用等私人机制予以实现。因此，反就业歧视法需要拓展公共利益和私人利益的实现途径，公私合作共同维护社会公共利益和私人利益。

六、反就业歧视法的光影照亮前行之路

反就业歧视法的理念和规则不是刻在纸面上的印刷体，其背后支撑的是无数普通人的生活场景，是我们每个人的人生故事。人类的悲欢相通，反就

业歧视法承载着梦想，每个人都希冀自己的人生拥有出彩的机会。让反就业歧视法的光影照亮前行之路，确保所有人都有均等机会参与劳动力市场竞争，经由公平竞争获取就业机会和平等待遇，实现工作职位的获取及相关待遇系于能力，人尽其才，各适其位，劳资共赢，社会和谐。

目 录
CONTENTS

第一章　导论：平等就业的法治化保障 …………………………………… 1

第二章　构建反就业歧视法的多元化综合实施理论 …………………… 5
 第一节　现行反就业歧视法律规定及其实施机制 …………………… 5
 第二节　就业歧视：群体与群体之间的利益冲突 …………………… 12
 第三节　反就业歧视法的保护法益 …………………………………… 19
 第四节　反就业歧视法的两种实施模式 ……………………………… 21
 第五节　我国反就业歧视法应构建多元化综合实施理论 …………… 28

第三章　我国反就业歧视法行政实施机制构建研究 …………………… 33
 第一节　我国反就业歧视法律亟需构建行政实施机制 ……………… 33
 第二节　反就业歧视法行政实施机制的类型化 ……………………… 36
 第三节　反就业歧视法行政实施机制的法理根据 …………………… 45
 第四节　我国应当构建公私兼顾的反就业歧视法行政实施机制 …… 49

第四章　我国反就业歧视法司法实施机制完善研究 …………………… 63
 第一节　案例梳理、类型化分析及待解问题 ………………………… 63
 第二节　就业歧视纠纷的法律性质 …………………………………… 73
 第三节　就业歧视侵权构成的认定 …………………………………… 80
 第四节　就业歧视的法律责任 ………………………………………… 87
 第五节　就业歧视侵权责任与劳动合同责任的竞合 ………………… 95

结语 建立健全反就业歧视法的多元综合实施机制 ·········· 101

附录1 应当构建反就业歧视法律的行政实施机制 ············ 107

附录2 疏堵结合防治就业性别歧视 ························ 110

附录3 民法典时代工作场所性骚扰的法律规制 ············ 117

参考文献 ·· 153

第 1 章

导论：平等就业的法治化保障

一、保障平等就业需要法治化

实现宪法上劳动权和平等权需要平等就业的法治化保障。我国《宪法》第 33 条规定了平等原则，因此宪法上的基本权利应当普遍适用平等原则。《宪法》第 42 条规定了公民的劳动权，平等就业属于劳动权的重要内容。宪法上的劳动权带有积极权利的属性内容，必须经由法律的制定才能得到具体落实和实现，即通过法治化经由从宪法到法律的途径方可得以具体实现。

尊重和履行国际人权公约和国际劳工公约要求平等就业的法治化保障。联合国《世界人权宣言》《经济、社会及文化权利国际公约》已经将工作权确定为基本人权，平等就业是工作权的重要内容。《经济、社会及文化权利国际公约》第 6 条和第 7 条规定了工作权，第 2 条规定了非歧视原则，根据这些规定，公约中的权利应予普遍行使，不得因种族、肤色、性别、语言、宗教、政治或其他见解、国籍或社会出身、财产、出生或其他身份等作任何区分。国际劳工组织在 1958 年通过了第 111 号公约《消除就业和职业歧视公约》，该公约第 1 条禁止基于种族、肤色、性别、宗教、政治见解、民族血统或社会出身等原因，具有取消或损害就业或职业机会均等或待遇平等作用的任何区别、排斥或优待。我国于 2001 年加入《经济、社会及文化权利国际公约》，2006 年批准加入《消除就业和职业歧视公约》。作为这些国际公约的成员国，我国通过法治化治理承担尊重、保护和实现的义务。尊重的义务要求国家避免制定歧视性的法律和政策，避免政府自身存在就业歧视行为。保护义务要求国家采取积极措施保护个人不受来自企业等市场主体或其他社会主体的就业歧视。实现义务要求国家采取矫正措施保证人人都享有实质平等的工作权。

消除就业歧视亟需提升平等就业的法治化治理水平。就业歧视已经成为我国当前比较严重的社会问题。为消除就业歧视，我国《劳动法》和《就业促进法》等相关反就业歧视法明确了劳动者的平等就业权，禁止基于民族、种族、性别、宗教信仰等因素实施就业歧视行为。这些反就业歧视法已经开启了权利赋予之门，当前亟需提升法治化治理能力，扩大就业歧视保护范围，加强反就业歧视法实施机制建设，实现权利由理论向现实转化，从制度上有效解决就业歧视问题，促进社会公平正义。

二、协调平衡用人自主权与平等就业权

平等就业的法治化保障关键是要协调平衡用人自主权与平等就业权，确立机会均等的平等观。法律需要倡导量能雇佣，引导用人单位依照工作能力择优录用，消除主观恶意和传统偏见，让全体劳动者都有均等的机会参与劳动力市场竞争，经由公平竞争获取就业机会和平等待遇，实现工作职位的获取及相关待遇系于能力，人尽其才、各适其位、劳资共赢、社会和谐。

用人自主权与平等就业权具有一致性，法律要尊重用人单位的经济理性。用人自主权是基于物质财产要素产生的，是用人单位经营自主权的重要内容。平等就业权是基于劳动力人力要素产生的，是指参与劳动力市场竞争的机会均等，而不是结果平等。两者本质上具有一致性，都强调资源的优化配置，愿意择优录用。用人单位将物质要素和人力要素结合起来，目的是实现资源优化配置，达到经济效率最大化，谋求市场利益最大化。按照市场经济的优胜劣汰机制，用人单位参与市场竞争会自发地量能雇佣，根据工作能力来雇佣劳动者，择优录用，否则将会被市场自行淘汰。因此，法律首先要尊重用人单位的经济理性，只要用人单位的人事决策没有违反法律禁止性规定，皆视为合法，皆可推定为其依据市场经营需要而做出的合理决策。

法律需要设置禁止性规定来确立用人自主权的界限，平衡用人自主权与平等就业权。用人自主权不是无界限的，如果用人单位的人事决策不是基于工作能力，而是基于个人与生俱来、无法改变的个人特质或社会特质而将某一群体排除在外，不给予其参与市场竞争的均等机会，法律就应当基于平等原则进行干预，禁止用人单位基于民族、种族、性别、宗教信仰等因素做出人事决策，要求用人单位将法律所禁止的因素从人事决策中排除出去。法律的干预性做法既保障劳动者的竞争机会均等，又符合用人单位的根本利益。消除偏见有利于用人单位招用更为优质的人才，更好地参与市场竞争。因为具有法律禁止歧视特质的那些群体成员绝大部分并非是处于工作能力劣势，很多时候只是基于一种偏见。

三、提升平等就业的法治保障

加强公共领域平等就业的法治化保障。目前公共领域存在较多的就业歧视争议，国家要切实履行国际公约中的尊重义务，加强公共领域平等就业的法治化保障，避免采取直接或间接侵害平等就业权的就业歧视行为。以有些公务员招考职位表中的性别要求为例，要求男性的理由各式各样，诸如经常出差、值夜班、基层一线、经常加班、工作强度大、条件艰苦等，这些理由大都不符合《劳动法》第七章"女职工和未成年工特殊保护"的保护性要求，不属于妇女禁忌劳动的法定保护范围，无法构成只招男性的正当职业资格要求。合适的做法应是不设置性别要求，而是尽可能地详细说明岗位工作情况，将是否报考的选择权交由报考人自己决定。

完善反就业歧视法治建设，倡导量能雇佣。我国现行相关反就业歧视法在内涵、外延、实施机制、法律责任等方面规定得还不太完善，需要进一步提升法治化保障水平：其一，明确就业歧视的内涵和外延。借鉴《消除就业和职业歧视公约》关于"歧视"的定义，将就业歧视界定为基于民族、种族、性别、宗教信仰等因素实行差别待遇，其目的或效果是取消或损害就业机会均等或待遇平等。区分直接歧视和间接歧视，扩大就业歧视的外延，将年龄、地域、户籍纳入到法律所保护的个人特质，将培训、招录、晋升、薪酬、解雇等整个就业环节都纳入到法律规制的范围。其二，构建反就业歧视法行政实施机制。设置行政实施机制是世界各国或地区反就业歧视法的通行做法。

我国应当完善《劳动法》《就业促进法》《劳动保障监察条例》等法律法规，明确劳动保障行政机关对于反就业歧视法律制度的实施权限，将就业歧视纳入到劳动保障监察范围，规定就业歧视行为的行政责任和民事责任。其三，完善司法实施机制。将就业歧视纠纷确立为独立案由，实行举证责任转移制度，建立正当职业资格、正当经营需要等抗辩事由，对于主观故意的就业歧视行为实行惩罚性赔偿。其四，加强反就业歧视法制宣传教育，提高平等意识，凝聚社会共识。积极开展反就业歧视法制宣传教育活动，提高社会公众的平等意识，增进全社会反歧视共识，形成良好的舆论氛围，批评和抵制各类歧视行为。

加强对残障人士、女性等特定群体的法治保障。其一，法律需要消除社会偏见，残障人士、女性并不是工作能力上的弱者，而是仅仅在身体或者生理方面存在差异。残障人士、女性等特定群体并不存在工作能力上的弱势，他们和其他的社会群体一样都愿意在机会均等的前提下公平竞争，凭借工作能力获取就业岗位。因此，残障人士、女性仅仅是在身体或者生理方面存在差异，这种差异可能会给工作带来额外的负担。其二，法律应当将重心放在如何消解这种因身体或者生理所产生的额外负担。这些额外负担应当通过社会化途径和企业社会责任予以解决。实行教育均等化和公共服务均等化，以便特定群体在进入劳动力市场时就可以弥补自身的身体或生理差异，从而能够凭借其工作能力与他人进行同等竞争。完善社会保障制度，将女性因生理原因所产生的额外负担通过社会保障制度予以化解，消除用人单位的顾虑。其三，对特殊就业困难群体开展肯定性行动，实现平等就业权。国家要采取积极行政手段加以调控，对于残障人士或者特殊困难就业群体实行肯定性行动，采取配额制、行政合同、行政指导以及就业援助制度，促进这些特殊困难群体实现其工作权。

第 2 章

构建反就业歧视法的多元化综合实施理论

第一节　现行反就业歧视法律规定及其实施机制

一、现行反就业歧视法律规定：确权、禁行与司法实施

我国目前尚未制定专门的反就业歧视法，现行的反就业歧视法律制度蕴含在《劳动法》和《就业促进法》之中。在这些法律当中，我国现行的反就业歧视法律制度采用确权、禁行再加民事责任与司法救济予以实施的调整方法。按照公私法划分理论，我国现行立法将反就业歧视法律制度视为特别的私法，采用权利赋予机制及自我实施的司法救济模式。

（一）确立平等就业权

《劳动法》第3条和《就业促进法》第3条都明确规定劳动者享有平等就业权。《劳动法》第3条规定："劳动者享有平等就业和选择职业的权利、取得劳动报酬的权利、休息休假的权利、获得劳动安全卫生保护的权利、接受职业技能培训的权利、享受社会保险和福利的权利、提请劳动争议处理的权利以及法律规定的其他劳动权利。劳动者应当完成劳动任务，提高职业技能，执行劳动安全卫生规程，遵守劳动纪律和职业道德。"《就业促进法》第3条规定："劳动者依法享有平等就业和自主择业的权利。劳动者就业，不因民族、种族、性别、宗教信仰等不同而受歧视。"

（二）禁止就业歧视行为

《劳动法》第12条规定："劳动者就业，不因民族、种族、性别、宗教信仰不同而受歧视。"第13条规定："妇女享有与男子平等的就业权利。在录用职工时，除国家规定的不适合妇女的工种或者岗位外，不得以性别为由拒绝录用妇女或者提高对妇女的录用标准。"

《就业促进法》第3章"公平就业"禁止基于民族、种族、性别、宗教信仰、残疾、传染病病原携带者、农村劳动者等多种因素所产生的就业歧视行为：

第一，《就业促进法》第26条确定禁止就业歧视义务的承担主体是用人单位和职业中介机构。该条规定："用人单位招用人员、职业中介机构从事职业中介活动，应当向劳动者提供平等的就业机会和公平的就业条件，不得实施就业歧视。"

第二，《就业促进法》第27条禁止就业性别歧视。该条规定："国家保障妇女享有与男子平等的劳动权利。用人单位招用人员，除国家规定的不适合妇女的工种或者岗位外，不得以性别为由拒绝录用妇女或者提高对妇女的录用标准。用人单位录用女职工，不得在劳动合同中规定限制女职工结婚、生育的内容。"

第三，《就业促进法》第28条禁止就业民族歧视。该条规定："各民族劳动者享有平等的劳动权利。用人单位招用人员，应当依法对少数民族劳动者给予适当照顾。"

第四，《就业促进法》第29条禁止就业残障歧视。该条规定："国家保障残疾人的劳动权利。各级人民政府应当对残疾人就业统筹规划，为残疾人创造就业条件。用人单位招用人员，不得歧视残疾人。"

第五，《就业促进法》第30条禁止歧视传染病病原携带者。该条规定："用人单位招用人员，不得以是传染病病原携带者为由拒绝录用。但是，经医学鉴定传染病病原携带者在治愈前或者排除传染嫌疑前，不得从事法律、行政法规和国务院卫生行政部门规定禁止从事的易使传染病扩散的工作。"

第六，《就业促进法》第31条禁止歧视农村劳动者。该条规定："农村劳动者进城就业享有与城镇劳动者平等的劳动权利，不得对农村劳动者进城就业设置歧视性限制。"

（三）建立司法救济机制

《劳动法》没有规定就业歧视行为的法律责任，也没有规定具体的实施机制。而《就业促进法》建立了民事责任与司法救济机制，反就业歧视法律制度因此能够依赖司法救济予以实施。《就业促进法》第68条规定了补偿性民事赔偿责任制度，该条规定："违反本法规定，侵害劳动者合法权益，造成财产损失或者其他损害的，依法承担民事责任；构成犯罪的，依法追究刑事责任。"但《就业促进法》并未规定就业歧视的具体法律责任形式，《就业促进法》第68条是转致性条款，转致适用《民法典》第七编"侵权责任"的相关规定。由此，就业歧视被视为特殊的侵权行为，适用补偿性民事赔偿责任制度。《就业促进法》第62条规定了司法救济机制，该条规定："违反本法规定，实施就业歧视的，劳动者可以向人民法院提起诉讼。"

二、单一司法实施机制及其不利后果

（一）司法实施实践：以性别歧视为例

现行法律将就业歧视视为特殊的侵权行为，属于特别私法，采用单一司法救济机制予以实施。我们检索到下面五个较为典型的就业歧视案例，多数是就业性别歧视案例。在这些案例中，劳动者挺身而出，起诉实施就业歧视的用人单位。用人单位的就业歧视也被法院认定为侵犯劳动者平等就业权的就业歧视行为，但是胜诉的劳动者大多只获得几千元的精神损害抚慰金。

案例1：邓某某诉某速递公司性别歧视案[1]

这是中国法院网刊登的一起典型案例。某劳务公司在某同城网站上发布招聘信息，标题为"某速递员3千加计件"，任职资格：男。邓某某在线投递简历申请该职位，并到某速递公司进行了面试，该公司酒仙桥营投部主任戴某表明其有意愿聘用邓某某，但该公司后来以邓某某为女性拒绝聘用。邓某某以侵害其人格权为案由向法院起诉。法院认为，某速递公司侵犯了邓某某

---

[1] 北京市第三中级人民法院（2016）京03民终195号民事判决书。"邓某某诉某速递公司、某劳务公司一般人格权纠纷案"，载中国法院网，https://www.chinacourt.org/article/detail/2016/08/id/2061925.shtml，访问时间：2019年10月7日。

平等就业的权利，其侵权行为给邓某某造成的合理损失应予以赔偿，判决赔偿邓某某入职体检费用120元、精神损害抚慰金2000元、鉴定费6450元。宣判后邓某某和某速递公司向上级法院提起上诉，二审驳回上诉，维持原判。

案例2：曹某诉北京市海淀区某培训学校性别歧视案[1]

2012年，北京市海淀区某培训学校在某招聘网站发布招聘启事，其中"行政助理"一职明确要求"仅限男性"。女大学毕业生曹某于2012年6月先后两次投递简历，并致电该培训学校进行咨询。该培训学校答复称该职位只招男性，即使曹某各项条件都符合，也不会予以考虑。7月11日，原告曹某向北京市海淀区法院递交了《民事起诉状》，请求法院判令被告（培训学校）向原告赔礼道歉，并赔偿5万元精神损害抚慰金。双方当事人的争议焦点为：招聘广告中要求"行政助理"职位"仅限男性"的做法是否构成就业性别歧视。被告辩称，不存在性别歧视，因为该学校女教职员工数量明显多于男性，行政助理需要给饮水机换水，女性不能胜任。2013年12月18日，本案以调解方式结案，被告同意向曹某赔礼道歉，并支付3万元作为关爱女性平等就业专项基金。

案例3：郭某诉杭州市西湖区某培训学校性别歧视案[2]

原告郭某应聘杭州市西湖区某培训学校的文案职位，被以"限招男性"为由拒绝。2014年7月8日，郭某向杭州市西湖区法院起诉，要求被告书面赔礼道歉并赔偿精神损害抚慰金5万元。本案的争议焦点为：文案职位的实际工作需要陪同男领导经常出差，用人单位从工作方便、差旅成本等角度考虑不录用女性，且用人单位提供了人事、文员等岗位以供选择，这是否构成性别歧视？一审法院判决认定其行为侵犯了郭某平等就业的权利，用人单位招收的文案人员不属于国家规定的"不适合妇女的工种或岗位"，用人单位不得以应聘者为女性而拒绝录用，判决被告赔偿原告精神损害抚慰金2000元，但以法律依据不足为由驳回了原告要求被告书面赔礼道歉的诉讼请求。郭某上诉至杭州市中级人民法院，要求招聘单位书面赔礼道歉。二审法院驳回上诉，维持原判。

---

[1] "'就业性别歧视首案'3万元和解"，载《新京报》2013年12月19日，第A20版。

[2] 浙江省杭州市中级人民法院（2015）浙杭民终字第101号民事判决书。

案例 4：梁某某诉广东某公司和广州市越秀区某酒楼性别歧视案[1]

2015 年 8 月，广州女生梁某某在应聘"厨房学徒"一职时，招聘方以"不招女生"为由拒绝其应聘申请。梁某某请求法院判决某公司、某酒楼公开书面赔礼道歉，连带赔偿因应聘产生的经济损失 21 元（包括交通费 20 元及电话费 1 元）、精神损害抚慰金 40 800 元，承担本案诉讼费。2016 年 3 月 31 日，广州市海珠区人民法院作出一审判决，认为两被告在发布招聘广告、实际招聘过程中，均一直未对原告的能力是否满足岗位要求进行审查，而是直接以性别为由多次拒绝给予原告平等的面试机会，已经构成对女性应聘者的区别及排斥，侵犯了原告平等就业权利，构成了对原告的性别歧视。判决两被告连带赔偿梁某某 2000 元精神损失费，但是没有支持原告要求被告公开赔礼道歉的请求。原告向广州市中级人民法院提起上诉。2016 年 9 月 6 日，广州市中院作出二审判决维持一审判决书主文，两被告于判决生效之日起 10 日内向梁某某作出书面赔礼道歉、承担案件受理费 1000 元。

案例 5：闫某某与浙江某公司平等就业权纠纷[2]

2019 年 7 月，浙江某公司通过某招聘网络平台向社会发布了一批公司人员招聘信息，其中包含有"法务专员""董事长助理"两个岗位。2019 年 7 月 3 日，闫某某通过某招聘手机客户端就浙江某公司发布的前述两个岗位分别投递了求职简历。闫某某投递的求职简历中，包含有姓名、性别、出生年月、户口所在地、现居住城市等个人基本信息，其中户口所在地填写为"河南南阳"，现居住城市填写为"浙江杭州西湖区"。据杭州市杭州互联网公证处出具的公证书记载，公证人员使用闫某某的账户、密码登录某招聘手机客户端，显示闫某某投递的前述"董事长助理"岗位在 2019 年 7 月 4 日 14 时 28 分时被查看，14 时 28 分时给出岗位不合适的结论，"不合适原因：河南人"；"法务专员"岗位在同日 14 时 28 分被查看，14 时 29 分时给出岗位不合适的结论，"不合适原因：河南人"。闫某某向法院起诉，请求：①判令浙江某公司向闫某某口头道歉；②判令浙江某公司自判决生效之日起连续 15 日在

---

[1] 广东省广州市中级人民法院（2016）粤 01 民终 10790 号民事判决书。
[2] 浙江省杭州市中级人民法院（2020）浙 01 民终 736 号民事判决书。

《人民日报》《河南日报》《浙江日报》上向闫某某登报道歉；③判令浙江某公司向闫某某支付精神抚慰金6万元；④诉讼费、公证费等一切与诉讼相关费用由浙江某公司承担。一审法院认为，浙江某公司在涉案招聘活动中对闫某某实施了就业歧视行为，损害了闫某某平等地获得就业机会和就业待遇的利益，主观上具有过错，构成对闫某某平等就业权的侵害，判决浙江某公司于判决生效之日起10日内赔偿闫某某精神抚慰金及合理维权费用损失共计1万元；浙江某公司于判决生效之日起10日内，向闫某某进行口头道歉并在《法制日报》公开登报赔礼道歉。二审法院判决驳回上诉，维持原判。

（二）单一司法实施机制的不利后果

上述案例反映了就业歧视的典型形态和实施机制。典型的就业歧视是基于歧视性的人事政策而做出歧视性的具体人事决策，实施机制是侵权损害赔偿。有学者将这种侵权法模式的制度特征概括为"以精神损害赔偿为主要诉求的人格侵权民事诉讼"。[1]但是，这种个体赋权及自我实施的司法救济模式会导致三个不利的后果：

第一，群体化的社会利益得不到维护，司法难以改变损害社会利益的人事政策和一般性做法。上述案例中的司法救济程序仅仅是解决了个体劳动者与用人单位之间单个的就业歧视争议，但是用人单位歧视性的人事政策却往往并未得到纠正，司法难以改变用人单位的歧视性人事政策与一般性做法。

第二，个体自我实施导致法律实现不足。当理性的个体不愿意起诉，反就业歧视法律制度就可能成为沉睡性条款。上述案例中列举的都是胜诉的案例，即便胜诉的案例受害者最终只能获得几千元的精神损害赔偿，但是起诉的劳动者却需要付出巨大的时间和精力，并且还得自己支付律师费用。试想一下，在这样收益与成本极为不对等的情况下，理性的劳动者是不愿意去法院起诉的。如果遭受就业歧视的大多数劳动者都不愿意站出来起诉，那么现行反就业歧视法律就无法得到落实和实现，就只可能是沉睡性的法律条款。

第三，行政机关以及社会团体在反就业歧视法律实施中的作用未能得到发挥。《就业促进法》第25条规定："各级人民政府创造公平就业的环境，消

---

[1] 阎天：《川上行舟——平权改革与法治变迁》，清华大学出版社2016年版，第17页。

除就业歧视，制定政策并采取措施对就业困难人员给予扶持和援助。"《劳动法》第 88 条规定："各级工会依法维护劳动者的合法权益，对用人单位遵守劳动法律、法规的情况进行监督。任何组织和个人对于违反劳动法律、法规的行为有权检举和控告。"《妇女权益保障法》第 7 条规定："中华全国妇女联合会和地方各级妇女联合会依照法律和中华全国妇女联合会章程，代表和维护各族各界妇女的利益，做好维护妇女权益的工作。工会、共产主义青年团，应当在各自的工作范围内，做好维护妇女权益的工作。"但是，行政机关以及社会团体在反就业歧视法律实施中的作用未能得到很好地体现。

三、单一司法实施机制的实施困局及待解问题

（一）实施困局

目前这种单纯依赖司法救济的实施机制导致我国反就业歧视法律制度存在实施困局：其一，行政实施机制阙如。现行法律没有明确规定反就业歧视法的行政实施机制，《劳动保障监察条例》也没有将就业歧视纳入到劳动保障监察事项。其二，司法实施机制规定得过于原则化。2018 年 12 月最高人民法院发布《关于增加民事案件案由的通知》，在"人格权纠纷"的第三级案由"一般人格权纠纷"项下增加一类第四级案由"平等就业权纠纷"，暂时缓解了长期笼罩在反就业歧视法律制度上的名分问题，但没有规定归责原则、证据规则、赔偿标准等具体制度，会出现举证困难、赔偿不足等困境。其三，未规定符合就业歧视的具体法律责任形式。这导致行政执法和民事损害赔偿缺少法律依据和具体标准。

（二）待解问题：重构反就业歧视法的实施理论

单纯依赖司法实施机制会产生不利后果与实施困局。因此，重构反就业歧视法的实施理论势在必行。此问题的关键在于如何看待就业歧视行为的法律性质，这是反就业歧视法的规制对象，也是反就业歧视法律制度的逻辑起点。单一司法实施机制的理论基础是个体利益冲突论，即将就业歧视行为看成是单个行为人与单个受害人之间的个体利益冲突，视之为原子式的孤立个体之间的利益冲突。然而前述的司法实践已经证明，单一司法实施机制存在诸多局限，单纯依赖司法实施机制无法有效实现反就业歧视法律制度。反就

业歧视法律制度的实施困局反映了个体利益冲突论对就业歧视的本质认识是有缺陷的，反就业歧视法的实施理论亟需变革。为此，我们需要深入研究以下几个问题：一是就业歧视的本质是个体利益冲突还是群体利益冲突？二是反就业歧视法所保护的法益是私人利益还是社会公共利益？三是反就业歧视法是否存在独特的法律实施机制？四是我国反就业歧视法实施理论的构建。下面我们将就这些问题进行深入分析和研究。

第二节 就业歧视：群体与群体之间的利益冲突

一、就业歧视的界定凸显群体类属因素

我国尚未制定专门的反就业歧视法，《就业促进法》《劳动法》等也没有对就业歧视作出明确界定。国内学界大多比较认可国际劳工组织1958年《消除就业和职业歧视公约》（第111号公约）中有关就业歧视的定义。该公约将"就业歧视"界定为："基于种族、肤色、性别、宗教、政治见解、民族血统或社会出身等原因，具有取消或损害就业或职业机会均等或待遇平等作用的任何区别、排斥或优惠"，但"对一项特定职业基于其内在需要的任何区别、排斥或优惠不应视为歧视"。[1]因此，就业歧视实质上是归类事由、雇佣行为与法律后果三个变量的组合，是用人单位基于特定类型的事由而做出特定形式的雇佣行为，诱发特定法律效果的综合体。归类事由是指用人单位实施就业歧视所依据的区分不同劳动者群体的标准，如个人的种族、性别、残障等；雇佣行为强调歧视的外在表现形式，如区别、排斥、优惠等；法律后果指向行为引发的法律效果，亦即是否取消或者损害就业或者职业机会均等或待遇平等。[2]就业歧视是指用人单位在招聘过程中或劳动关系建立后，对招聘条件相同或相近的求职者或雇员基于某些与个人工作能力或工作岗位无关的因素，而不能给予其平等的就业机会或在工资、晋升、培训、岗位安排、解雇或

---

〔1〕《1958年消除就业和职业歧视公约》，载中国人大网http://www.npc.gov.cn/wxzl/wxzl/2005-10/20/content_343967.htm，最后访问时间：2021年3月20日。

〔2〕李成："职业歧视的法律定义"，载《华东政法大学学报》2016年第3期。

劳动条件与保护、社会保险与福利等方面不能提供平等待遇，从而取消或损害求职者的平等就业权或雇员的平等待遇权的现象。它具有以下几个特点：①就业歧视既可能发生在招聘过程中，也可能发生在聘用以后；②歧视的理由是基于与个人工作能力无关的某些个人特征，如种族、肤色、国籍、出身、年龄、财产、宗教信仰或语言等；③就业歧视损害的是求职者均等的就业机会或者是雇员的平等待遇。[1]

笔者认为，就业歧视是指用人单位、人力资源服务机构基于法律所禁止的类属因素对劳动者作出差别对待，损害其均等的就业机会或平等待遇的行为。用人单位基于法律的特别规定、正当的职业内在要求以及正常运营所必需的合理就业标准所作出的差别对待不构成就业歧视。

二、就业歧视的本质：群体利益冲突

就业歧视表面上与民事侵权、不当解雇很相像，但实质上并不相同。就业歧视是"由于某些人是某一群体或类属之成员而对他们施加不公平或不平等的待遇"[2]，"这种不公正的对待不是基于他们的表现，而是基于他们属于什么样的群体"[3]。就业歧视本质上是群体与群体之间的利益冲突，只是体现在群体化的个体之间。而民事侵权则是个体之间的利益冲突。正如美国法学家凯瑟琳·麦金侬所说，一种歧视行为必须足以证明具有某种社会类属的群体特质，而不是个人独有的或个人品质的问题。但歧视又得透过对个人的伤害来呈现。更有甚者，该群体特质还得与形形色色、也不见得公平的人际差异划清界限，此类过于个人性的"歧视"和人际差异并不在反歧视法的管辖范围。[4]歧视本质上是社会强势群体对弱势群体的单边行动——男性、主体族群、健全人群等强势群体通过歧视排斥女性、少数族裔、残障人群等弱势群体，剥夺其受教育、就业等平等权利，从而将其驱赶到报酬偏低、工作环

---

[1] 喻术红："反就业歧视法律问题之比较研究"，载《中国法学》2005年第1期。
[2] [美]戴维·波普诺：《社会学》，李强等译，中国人民大学出版社2007年版，第306页。
[3] [美]托马斯·吉洛维奇等：《吉洛维奇社会心理学》，周晓红、秦晨等译，中国人民大学出版社2009年版，第279页。
[4] [美]凯瑟琳·麦金侬：《性骚扰与性别歧视——职业女性困境剖析》，赖慈云、雷文玫、李金梅译，时报文化出版企业有限公司1993年版，第147页。

境恶劣、晋升空间狭促的低端岗位中，甚至将其隔绝在劳动力市场之外，最终实现对社会资源和财富的独占。[1]正是群体利益冲突这一根本性差异导致反就业歧视法与侵权责任法在实施机制上存在根本差别。反就业歧视法的实施机制是多元化的，是包含行政实施、社会实施、个人实施三种实施机制在内的多元化综合实施体制，共同保护群体化的社会利益和群体化的个人利益。

三、就业歧视的理论分类

（一）两个基本类别

1. 直接歧视

就业歧视从理论上可以划分为直接歧视和间接歧视。直接歧视（direct discrimination）是欧洲的称谓，在美国称为"差别对待"，指用人单位基于法律禁止的归类事由对劳动者故意进行差别对待，给予劳动者低于正常情况下应当给予其他人的待遇。直接歧视（差别对待）又有三种情形：第一种是"个体性差别对待"（individual disparate treatment），是指某一单个劳动者基于法律禁止的因素而得到不同对待。例如几位职工习惯性迟到，唯有一名女性被解雇，这就构成了歧视。第二种是"系统性差别对待"（systematic disparate treatment），又被称为"故意的群体排斥"（intentional exclusion of groups），指从整体上对某一类属的劳动者给予不同对待，如明确规定不招收女性求职者，或规定女性职工不得晋升等，这些都是针对女性群体实施的歧视。第三种是混合动机歧视。混合动机歧视是指雇主的雇佣决定是基于合法的非歧视性因素和非法的歧视性因素的混合动机作出的。认定歧视的关键要素是歧视意图和差别待遇，即雇主的差别待遇决定是基于法律不允许的歧视性因素的考虑而作出的。[2]

2. 间接歧视

间接歧视在美国被称为差别影响歧视（disparate impact discrimination），是指雇主施加了一项表面中立（neutral）的规定，但使某一类属的群体处于一种不利的状态（at a disadvantage），而且雇主的行为在客观上没有正当理

---

[1] 刘小楠主编：《反歧视法讲义：文本与案例》，法律出版社2016年版，第38~39页。

[2] 张姝："论就业歧视的狭义界定——我国就业歧视法律规制的起点"，载《当代法学》2011年第4期。

由。间接歧视制度最早建立于 1971 年的美国的 *Griggs v. Duke Power Co.* 案件，美国联邦最高法院在该案中指出：国会立法"不但禁止公然的歧视，而且禁止那些形式公平而实施具有歧视性的实践"。[1]1991 年美国《民权法案》将间接歧视制度纳入其中。该制度后为英美法系国家所效仿。间接歧视基于实质平等的理念，挑战那些在某一社会被认为自然而然的、普遍接受的传统规则和实践，而这些规则和实践从表面上看是中性的、对每个人普遍适用的、没有明显偏见和敌意的，但它们却产生了加重或排斥弱势群体的不利后果。间接歧视并不要求具备歧视的主观故意。[2]间接歧视指歧视事实的发生非源于行为人明显的歧视行为，而是其所要求的规定、标准或惯常做法于表面上共同适用于全体劳工，但其适用结果却使某一特定群体明显处于不利的状态。[3]

（二）三个延伸类别

1. 骚扰

基于种族、民族、性别、性倾向、性别表达、宗教信仰、残障等因素而对他人进行侮辱、贬损、侵犯的行为构成骚扰。骚扰的概念是从性骚扰的交换式性骚扰和敌意环境性骚扰逐步发展而来。针对工作场所的骚扰，法律规定雇主有义务设立相应机制予以预防、制止和救济，一旦未尽到相应义务，雇主承担歧视的法律责任。[4]

2. 拒绝提供合理的工作便利

提供合理便利的义务要求用人单位在力所能及的限度内根据特定人群的特殊需求调整其工作时间、地点、方式或者对工作场所等进行改造。这项义务的确立旨在通过非对称的平等抵消特定群体面临的不利限制，通过改造环境提升其参与程度，通过课予能动义务督促用人单位积极作为。[5]用人单位

---

[1] 阎天译："格瑞格斯诉杜克电力公司案"，载张翔主编：《宪政与行政法治评论（第七卷）》，中国人民大学出版社 2014 年版，第 221 页。

[2] 李薇薇：《反歧视法原理》，法律出版社 2012 年版，第 71～72 页。

[3] 张姝："论就业歧视的狭义界定——我国就业歧视法律规制的起点"，载《当代法学》2011 年第 4 期。

[4] 刘小楠主编：《反歧视法讲义：文本与案例》，法律出版社 2016 年版，第 8 页。

[5] Sandra Fredman, *Discrimination Law*, Oxford University Press, 2011, pp. 216～217.

对劳动者的合理便利诉求置若罔闻的，当以就业歧视论之。[1] 合理便利这一概念最初形成于残障歧视中。提供合理便利的义务逐渐发展到民族、性别、种族、宗教信仰等领域。例如在性别领域，早在上个世纪50年代，《工厂安全卫生规程》第68条规定，工厂应该根据需要，设置浴室、厕所、更衣室、休息室、妇女卫生室等生产辅助设施。上列用室须经常保持完好与清洁。1993年颁布的《女职工保健工作规定》更将女性多期特殊保护提到了一个相当的高度，主要内容为：①月经期保健；②婚前保健；③孕前保健；④孕期保健；⑤产后保健；⑥哺乳期保健；⑦更年期保健。[2]

3. 报复性歧视

用人单位因员工举报单位而实施就业歧视，或者因该员工在其他员工举报单位实施就业歧视的案件中协助调查、提供证据或其他帮助而给予不利对待的，构成报复性歧视。报复最明显的作用就是压制对就业歧视的挑战。达到此种效果甚至不需实际实施报复，只需让潜在的挑战者明白反抗必将承受高昂代价，并远远大于可能的收益，就能迫使劳动者对歧视噤声。[3] 由此可见，对报复性歧视的规制也是反就业歧视法律制度的重要一环。

四、就业歧视的认定

（一）就业歧视的构成要件

就业歧视由三个要素构成：一是行为要素。用人单位对劳动者存在区别、排斥或优惠等差别待遇行为，具体表现为同样的情况受到较差的区别对待，或不同的情况相同对待。二是类属事由要素。受到差别待遇的原因是与职业要求无关的因素，如民族、种族、肤色、血统、社会出身、性别、宗教、政治见解等法律禁止的类属事由。三是结果要素。这种差别待遇行为造成了劳动者在就业或者职业上不平等的结果，即取消或损害就业或职业机会均等或

---

[1] International Labour Office, *Equality at Work: The Continuing Challenge——Global Report under the Follow-up to the ILODeclaration on Fundamental Principles and Rights at Work*, ILO Publications, 2011, p. 47.

[2] 郭慧敏、丁宁："就业性别平等立法模式选择"，载《中国青年政治学院学报》2006年第3期。

[3] Deborah L. Brake, Retaliation, 90 *Minnesota Law Review* 18, 36~37 (2005).

待遇平等。主观过错并不是就业歧视的构成要素，只要雇员因为法律禁止的事由受到相比其他群体雇员不利的待遇，雇主就应该承担责任，雇主故意与否不影响就业歧视的成立。[1]

（二）就业歧视的抗辩事由

就业歧视的抗辩事由表现为用人单位对劳动者进行不同对待的合理性因素。用人单位出于工作职业内在的客观需要、法律的特别规定，或者相关业务及正常运营所必需提出的合理标准和要求而形成的差别待遇不构成就业歧视。[2]抗辩事由主要有五种：

第一，正当职业资格。用人单位基于从事该职业所必须具备的资质而必须采取的差别待遇并不构成歧视。

第二，合理必要的商业经营需要。用人单位为了正常运营而必须采取的差别待遇并不构成歧视。用人单位须证明其所采用的雇佣措施与该工作的有效执行有显著的关系。

第三，法律规定的特殊保护措施。例如需要保护妇女、儿童、老年人、残障人和其他特定劳动者不从事危险工作。我国《劳动法》明确规定女性禁忌从事的劳动范围，如果用人单位基于劳动法上的法定特殊保护措施而实施的雇佣措施则不构成就业歧视。

第四，对特定人群给予的特殊优待措施。旨在纠正过去或一直存在的歧视影响，保证受歧视群体取得实质平等的临时特殊措施并不构成就业歧视。

第五，基于国家和社会的安全。基于国家和社会安全，而对被证实参与了有损国家或社会安全活动的个人实施的差别对待并不构成就业歧视。

（三）就业歧视的认定

就业歧视由三个要素构成：一是事实——差别待遇，包括同样情况受到区别对待，或者不同情况受到相同对待；二是原因——受到区别对待是因为与职业要求无关的归类因素，如民族、种族、肤色、血统、社会出身、性别、

---

[1] 谢增毅："美英两国就业歧视构成要件比较兼论反就业歧视法发展趋势及我国立法选择"，载《中外法学》2008年第4期。

[2] 参见蔡定剑、刘小楠主编：《反就业歧视法专家建议稿及海外经验》，社会科学文献出版社2010年版，第10页。

宗教、政治见解等；三是法律后果——造成对就业机会均等或待遇平等的损害。就业歧视的认定步骤如下：

（1）是否存在差别待遇行为？直接歧视需要证明差别对待，间接歧视需要证明差别影响。直接歧视只要举证证明存在不利的差别待遇，由此便可以推定存在表面的歧视。间接歧视需要举证证明某一表面中性的就业规定产生了歧视性的后果或影响。

（2）差别待遇是否基于法律禁止的群体归类因素？一般由就业歧视受害人承担证明差别待遇的举证责任，行为人承担证明差别待遇具有合法性的举证责任。

（3）是否具有损害性的后果？就业歧视具有取消或损害就业或职业机会均等或待遇平等的后果。

（4）是否具有合理客观的理由？行为人须举证证明其行为具有合法的无歧视的理由。对于直接歧视，行为人须证明是出于正当职业资格的需要；对于间接歧视，行为人须证明是出于合理必要的商业经营需要。

（5）是否符合比例原则？受害人再反驳或者证明可替代性的就业实践。直接歧视需要反驳行为人的理由只是托词，间接歧视需要证明存在可替代性的商业实践。行为人的行为虽然有正当的目的，但如果采取的措施不当或者超过了必要的限度，损害就业机会均等或者待遇平等，则构成就业歧视。

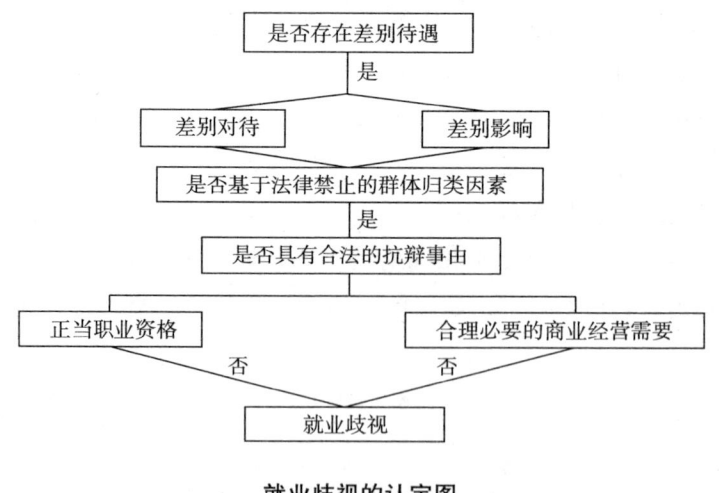

就业歧视的认定图

第三节 反就业歧视法的保护法益

一、反就业歧视法中客观存在着两种利益

（一）就业歧视的表现形式

典型的就业歧视是基于歧视性的人事政策而做出歧视性的人事决策。就业歧视虽然往往是针对具有某种社会类属的群体，但是又得透过对属于该类属的具体个人的伤害得以呈现。用人单位针对某一群体归类事由制定差别待遇的人事政策，其所涉及的是整个群体，涉及的是群体化的社会利益。当这一人事政策适用于具体就业行为时，用人单位的人事决策就会造成该群体中某个具体成员的差别待遇，从而损害这个群体中的具体个人利益，这是一种群体化的个人利益。就业歧视的表现形式用图表展示如下：

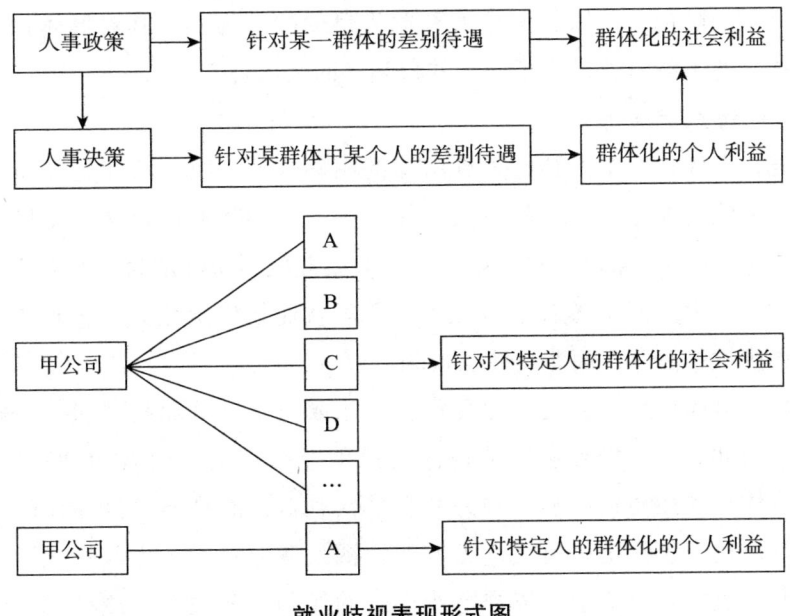

就业歧视表现形式图

（二）反就业歧视法的利益展示

由上图可知，在反就业歧视法上客观存在着两种利益：一种是群体化的

社会利益；一种是群体化的个人利益。由此，反就业歧视法中客观存在的利益不是孤立的个体利益，而是群体化的社会利益和群体化的个人利益。

群体化的社会利益是具备社会类属性的所有群体成员的共同利益，这种共同利益能否上升为公共利益取决于民主决策的立法机制。群体化的个人利益并非孤立的原子式个人利益，是具备某种社会类属性的社会成员的个人利益。群体化的个人利益内含于群体化的社会利益之中，两者是部分与整体的关系，群体化的社会利益可以演化为群体化的个人利益，保护群体化的个人利益也有助于实现群体化的社会利益。

二、反就业歧视法的保护法益

（一）法益确立方式：反面禁止性规定

反就业歧视法属于保护性的社会立法，设置禁止性行为界限，通过划定用人单位的不作为义务范围，反面确权来界定被保护群体免受侵犯的"权利"空间。反就业歧视法是以保护他人利益为目的的行为法，其对群体化的利益提供保护，并不意味着设定了法定的权利，而是法益。

（二）法益确立形式

首先，群体化的个人利益得到法律的明确规定。我国法律已经将这种群体化的个人法益外化为平等就业权，并在劳动法和就业促进法中予以明确规定。2018年12月，最高人民法院也将平等就业权纠纷确定为一般人格权纠纷项下的独立案由。但仍然有学者认为，平等就业权应定位为一种抽象的、概括的、原则性的法益，而非具体的权利。[1]

其次，群体化的社会利益能否独立表达取决于反就业歧视法是否将其上升为社会公共利益。世界各国或地区的反就业歧视法目前有两种立法模式：一种是群体化的社会利益不上升为社会公共利益，而是通过群体化的个人利益作隐形表达。这种立法模式认为就业歧视是群体化的个人与用人单位、人力资源服务机构之间基于法律规定所产生的权利义务关系，这种权利义务内

---

[1] 谢根成、周颖："论反就业歧视的民事救济权利"，载《河南师范大学学报（哲学社会科学版）》2011年第5期。

含群体化的社会利益,但是这种群体化的社会利益尚未经由立法程序上升为社会公共利益,而只能经由群体化的个人利益的维护机制间接实现。另一种是群体化的社会利益上升为社会公共利益,具有独立的表达机制。这种立法模式认为,就业歧视不仅仅是群体化的个人与用人单位、人力资源服务机构之间基于法律规定所产生的权利义务关系,同时也产生了国家与用人单位、人力资源服务机构之间基于就业歧视所产生的权利义务关系。在这种模式下,群体化的社会利益经由立法程序上升为社会公共利益,并由专业执法机构通过行政执法予以维护。正是基于对群体化社会利益的隐形化与显性化表达机制的不同认识,世界各国或地区的反就业歧视法的性质与制度设计由此分野。如果将群体化社会利益纳入社会公共利益而予以独立表达,反就业歧视法就超越了私法的界限,而进入到公法的领域。

第四节 反就业歧视法的两种实施模式

一、群体化个人利益实施模式

（一）群体化个人利益的多元化实现机制

按照反就业歧视法保护法益来划分,反就业歧视法的实施模式可以分为群体化个人利益实施模式和群体化社会利益实施模式。群体化个人利益实施模式认为,群体化的社会利益并不需要经由立法程序上升为独立的社会公共利益,而是寓于群体化的个人利益之中,只要实现了群体化的个人利益,蕴含其中的群体化的社会利益就自然地得到实现。在此实施模式下,反就业歧视法的制度重心放在如何实现群体化的个人利益上,力图确保每一个群体化的个人利益都能够得以实现。群体化的个人利益与原子式的孤立的个体利益不同,其不仅承载着自身个体利益,同时也是其所在群体社会利益的化身。因此,法律必须要对同时代表自身利益和群体利益的个体劳动者赋加能量,把国家和社会的力量赋加到个体劳动者身上。群体化个人利益的实现机制已经不再局限于个体的自我实现机制,而是存在着多元化的群体化个人利益实施机制,表现为行政实施机制、社会实施机制和个人实施机制。行政实施机制主要是通过行政调解、行政裁决和行政机关代表诉讼的方式维护群体化的个体利益。社会实施机制主要是通过集团诉讼的方式来实现个体利益的保护。个人实施机制是个人为维护自身利益而通过司法途径获得补偿性赔偿、惩罚性赔偿或者法定性赔偿。群体化个人利益实施模式可以用下图表予以表示：

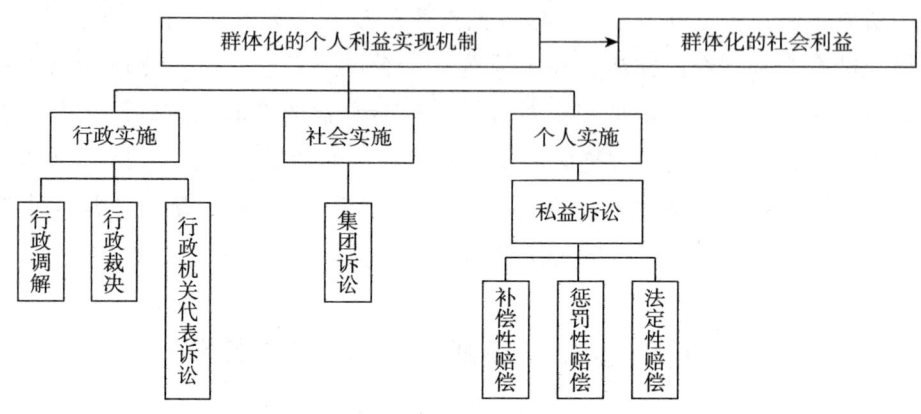

群体化个人利益实施模式图

（二）群体化个人利益的行政实施机制

上述图表中的行政实施实质上是行政介入。行政介入是指在私权争议发生后，至相关当事人就该纠纷于民事法院起诉前，行政机关基于法律规定，因当事人一方或双方之请求，或依职权而参与调停或干预、裁决其纷争之过程与措施。在就业歧视领域，行政介入模式主要有行政调解、行政裁决和行政机关代表受害人起诉三种方式，介入的程序有任意性的选择主义和强制性的前置主义两种。

1. 行政调解

行政调解是指反就业歧视法行政实施机构通过行政调解方式来解决当事人申诉的制度模式。美国、德国、法国、奥地利、中国香港特别行政区等国家和地区采用这种模式。例如，美国《民权法案》第7章专门禁止就业歧视，创设了平等就业机会委员会（EEOC）作为实施机构，该机构被赋予提供技术支持、调查、调解，以及制定程序性法律解释规则的权力，其处理是诉讼管辖的前置程序。[1]德国于2006年颁布《一般平等待遇法》，规定了联邦反歧视署的设置和职权。联邦反歧视署的职权包括调解权、调查权、询问权、取证权等。联邦反歧视署接受就业歧视申诉，对就业歧视行为进行调查，提出调解方案，不能调解或者调解不成的，建议当事人起诉，但无权作为受害人的诉讼代理人。联邦反歧视署没有处罚权力，调解不成，当事人只能通过法院诉讼解决，受害人起诉后才能得到赔偿。[2]法国于2004年依法设立了"反歧视促平等高级公署"，负责受理法律禁止的所有领域内基于法定原因的歧视行为的申诉。部分争议经过初步调查之后，对不符合受理条件的投诉，高级公署裁定驳回投诉。其他投诉将进一步审理，经高级公署合议团审议后，主要结果有：其一，高级公署向有关企业或机构发出改正建议，有关企业或机构自行改正。其二，歧视比较严重，有可能构成刑事犯罪的，高级公署会将案件移交给检察机关。其三，在高级公署的主持与调解下，争议双方达成和解。其四，双方无法达成和解或民事赔偿的情况下，高级公署一般会建议受害人向法院起诉。其五，经过进一步调查和审议，如果投诉理由不成立，高级公署会裁定驳回投诉。[3]

2. 行政裁决

行政裁决分为具有法律约束力的行政裁决模式和不具有法律约束力的行政裁决模式。挪威采用具有法律约束力的行政裁决模式。挪威议会决定于2005年设立平等与反歧视议会监察专员和处理上诉的平等与反歧视上诉法庭。新的议会监察专员是以目前的性别平等议会监察专员为示范而设立的一个新的公共机构，其将取代男女平等事务议会监察专员和性别平等中心以及种族歧视中心。这一机构将成为所有领域的歧视立法的执行机构。[4]个人、群体和组织（如工会和雇主组织）都可以将案件提交给议会监察专员，专员对所

---

[1] David P. Twomey, *Labor & Employment law: Text and Cases (Fourteenth Edition)*, South-West Cengage Learning, 2010, p. 390.

[2] 蔡定剑、刘小楠主编：《反就业歧视法专家建议稿及海外经验》，社会科学文献出版社2010年版，第168~169页。

[3] 蔡定剑、刘小楠主编：《反就业歧视法专家建议稿及海外经验》，社会科学文献出版社2010年版，第117~118页。

[4] 李薇薇、Lisa Stearns主编：《禁止就业歧视：国际标准和国内实践》，法律出版社2006年版，第664~667页。

提交的每一个案件进行调查并判定是否违反了本法的规定。监察专员无权作出有约束力的决定。但如果发现存在违反《男女平等法》的情况，他会努力使双方达成自愿调解协议。如果没有被遵守，该案件可以由争议当事人一方或议会监察专员提交申诉委员会。男女平等申诉委员会由7名成员组成，全部是律师和法官。与议会监察专员不同，委员会有权作出有约束力的决定。它禁止任何违反《男女平等法》的行为，可以命令当事方采取必要措施保证不再发生此类行为。但在歧视案件中，委员会不能作出损害赔偿或者其他金钱补偿的决定。这些特别机构的存在并不妨碍当事人直接向法院起诉。

荷兰采用不具有法律约束力的行政裁决模式。荷兰于1994年颁布实施《平等待遇法》，依法组建一个独立的、专业化的、准司法性质的平等待遇委员会，有权受理关于歧视的投诉，经过调查与听证，当委员会确信自己掌握了充分的证据材料时，即可作出裁决。平等待遇委员会只是一个准司法性质的机构，其针对歧视投诉所作出的裁决并不具备法律约束力，一旦当事人双方或其中一方不服，可以向法院提起诉讼。事实上，平等待遇委员会的裁决通常能得到当事人的自觉执行。数年来的实践证明，仅在极其少量的裁决中，当事人不服而向司法机关提起诉讼。[1]

3. 行政机关代表诉讼

具有起诉权的行政调解型是指反就业歧视法行政实施机构通过调解来解决当事人的申诉，对于调解不成的案件，行政实施机构可以向法院提起诉讼的制度模式。美国、奥地利、中国香港特别行政区等国家和地区采用这种模式。1964年美国国会通过了《民权法案》，该法第7章专门禁止就业歧视，创设了平等就业机会委员会（EEOC）作为实施机构，其被赋予提供技术支持、调查、调解，以及制定程序性法律解释规则的权力，其处理是诉讼管辖的前置程序，充当法院诉讼机制的守门员，只能借助于雇主的自愿遵守与和解来实施反就业歧视法。鉴于平等就业机会委员会的虚弱性，1972年美国国会通过了《公平就业机会法案》，加强平等就业机会委员会的行政权力，赋予

---

[1] 蔡定剑、刘小楠主编：《反就业歧视法专家建议稿及海外经验》，社会科学文献出版社2010年版，第106~109页。

其检察起诉权,如果调解失败,平等就业机会委员会可以对私人雇主提起诉讼。根据中国香港特别行政区的反歧视条例,接受投诉、调解解决争端是平等就业机会委员会的核心任务。必要时平等就业机会委员会有权就歧视案件提起诉讼,而且可以起诉香港政府。[1]奥地利于1979年制定《平等待遇法》,依法成立平等待遇委员会作为专门执行机构。任何人或团体认为自己受到歧视,可以提起申诉。平等待遇委员会进行调解,引导双方达成和解。如果平等待遇委员会认定歧视行为存在,委员会将向雇主提出消除歧视的建议,也可以要求雇主写出相关报告及整改措施。如果雇主拒不执行,委员会中的相关利益团体代表可以依据平等待遇法,向雇主起诉。[2]

(三)群体化个人利益的社会实施机制:集团诉讼

集团诉讼又称"代表人诉讼""集合诉讼",是共同诉讼的一种特殊形式。当事人一方人数众多,其诉讼标的是同一种类,由其中一人或数个代表全体相同权益人进行诉讼,法院判决效力及于全体相同权益人的诉讼。在反就业歧视中,由于个人不仅仅是独立的个体,而是社群中的人,因此由一个人或数个人代表其所在的整个群体进行诉讼,从而实现群体化的社会利益。在美国反就业歧视法的实际运行过程中,集团诉讼在直接歧视和间接歧视的案件中都被广泛地适用。[3]美国适用于联邦法院的《联邦民事诉讼规则》于1938年出台,并成为大多数州民事诉讼法典的蓝本。该法在第23条正式确立了美式集团诉讼,明确而直接地规定了适用集团诉讼的条件,即:当诉讼的多个当事人具有一个或者多个相同的诉由,而且当事人人数众多,所有人一起出庭既困难又不便利。[4]

(四)群体化个人利益的个人实施机制:私益诉讼

私益诉讼是受害人自己提起的民事诉讼。按照损失赔偿的方式来划分,

---

〔1〕 蔡定剑、刘小楠主编:《反就业歧视法专家建议稿及海外经验》,社会科学文献出版社2010年版,第136~141页。

〔2〕 蔡定剑、刘小楠主编:《反就业歧视法专家建议稿及海外经验》,社会科学文献出版社2010年版,第119~120页。

〔3〕 George A. Rutherglen, John J. Donohue, *Employment Discrimination-Law and Theory* (*Second Edition*), Foundation Press, 2009, pp. 115~228.

〔4〕 参见汤维建等:《群体性纠纷诉讼解决机制论》,北京大学出版社2008年版,第111~116页。

各国或地区的反就业歧视法中有补偿性赔偿、惩罚性赔偿和法定性赔偿三种，补偿性赔偿是实际损害赔偿，惩罚性赔偿是在实际损害的基础上进行加倍式赔偿，法定性赔偿是由法律明确规定赔偿的数额或者赔偿标准。在有些国家或地区的反就业歧视法中，存在着诉讼费用转移制度。例如，美国《民权法案》第7章中规定了合理费用的转移支付制度，作为原告的受害人提起诉讼，如果胜诉，其合理的律师费用和调查费用就由作为加害人的被告承担。这种制度能够鼓励律师代理这类案件，并且使受害人敢于提起就业歧视诉讼。[1]

二、群体化社会利益实施模式

（一）群体化社会利益的多元化实现机制

群体化社会利益实施模式认为，群体化的社会利益经由立法程序已经上升为社会公共利益，反就业歧视法存在着社会公共利益和群体化的个人利益两种保护法益，两者各有其实现机制。社会公共利益有行政实施机制和社会实施机制，行政实施机制有行政处罚、行政指导、咨询促进等方式，社会实施机制有团体诉讼和公民诉讼方式。与前述一样，群体化的个人利益有行政实施机制、社会实施机制和个人实施机制。群体化社会利益实施模式可以用下图表予以表示：

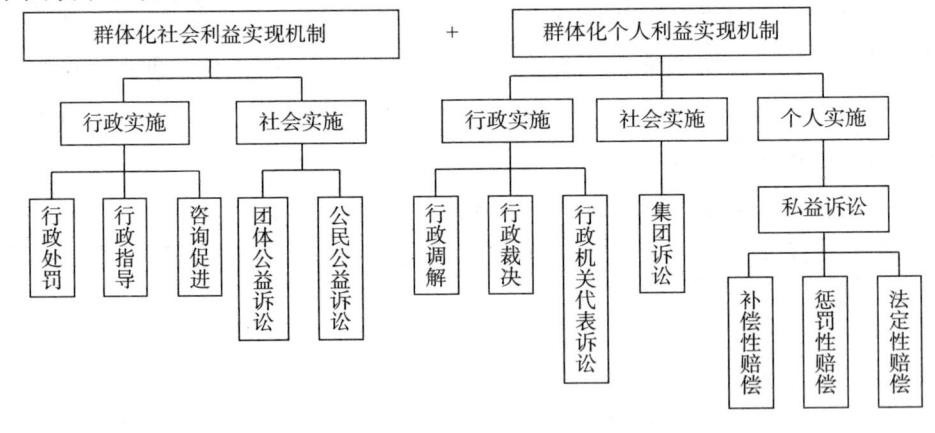

群体化社会利益实施模式图

---

[1] Richard A. Bales, Jeffrey M. Hirsch, Paul M. Secunda, *Understanding Employment Law*, LexisNexis, 2007, p.26.

（二）社会公共利益的行政实施机制

按照行政公益性原理，就业歧视领域设置的行政实施机制主要有行政执法型与咨询促进型两种制度模式。行政执法模式是指反就业歧视法行政实施机构通过行政执法来维护社会公共利益的制度模式。按照执法方式的不同，行政执法模式可以分为行政处罚型和行政指导型两种类型：一是行政处罚型，我国台湾地区采用这种制度模式；二是行政指导型，日本采用这种制度模式。咨询促进模式是指反就业歧视法行政实施机构通过提供咨询服务、开展宣传教育等引导活动来维护社会公共利益的制度模式，芬兰以及2006年之前的英国采用这种模式。[1]

（三）社会公共利益的社会实施机制：公益诉讼

社会公共利益在行政实施机制之外，还可以通过公益诉讼制度得以维护。在现代法治社会里，社会团体与个人代表社会公共利益主要是通过正当的司法程序即诉讼机制来解决，作为国家行政权之补充，以私人力量运用司法手段来弥补行政权之不足越来越被认为是从根本上抑制社会公益损害的一剂良药。20世纪以来，诉权出现了社会化的特点，即不仅检察官在公益代表的意义上获得的特别诉权得到了更强有力的根据，而且一些社会公共团体也被赋予帮助特定的社会成员寻求诉讼保护的权利。在一些国家，公民仅仅出于关心公益，也可以有限地动用诉讼手段。[2]这些变革为社会团体与个人作为反歧视公益的代表，通过诉讼机制维护公益提供了新的实现途径。

三、两种实施模式的共性：多元综合实施

传统私法依赖民事诉讼，通过司法权予以实施。传统公法依赖行政执法，通过行政权予以实施。反就业歧视法突破了传统私法和公法的实施模式，突破了传统私法个体利益实现机制和传统公法公共利益实现机制，在多元综合实施理论指导下形成了独特的多元综合实施模式。群体化个人利益实施模式

---

[1] 王显勇：“公私兼顾论：我国反就业歧视法行政实施机制构建研究"，载《法律科学（西北政法大学学报）》2019年第2期。

[2] 参见王福华：《民事诉讼基本结构——诉权与审判权的对峙与调和》，中国检察出版社2002年版，第16页。

和群体化社会利益实施模式虽然对于反就业歧视法的保护法益的认识不同，具体实施方式也有不同，但是这两种实施模式都采用多元综合实施机制，通过多元化实施机制来维护群体化社会利益和群体化个人利益。

反就业歧视法包含了行政实施、社会实施、个人实施三种实施机制，三者相互融合，特色鲜明，共同保护群体化的社会利益和群体化的个人利益。群体化个人利益在个人自我实施机制之外，还可以通过行政实施机制、社会实施机制得以实现。行政介入是行政机关干预社会生活的新方式，该理论基于司法救济的局限性，立法机关得制定法律授权行政机关通过调解、裁决等方式来解决私权争议。社会公共利益在行政实施之外，还可以通过惩罚性赔偿制度、公益诉讼、补偿律师费和调查费用等私人机制予以实现。因此，现代社会中需要拓展公共利益和私人利益的实现途径，通过加强公私合作共同维护社会公共利益和私人利益。

第五节　我国反就业歧视法应构建多元化综合实施理论

一、构建反就业歧视法的多元化综合实施理论

（一）就业歧视的本质认识应从个体冲突论转为群体冲突论

就业歧视应定位为群体利益冲突而非单纯的个体利益冲突。目前将就业歧视视为单纯的个体利益冲突存在认识上的偏差，未能反映其中的群体利益冲突。就业歧视的本质是群体与群体之间的利益冲突。

（二）群体化社会利益应上升为社会公共利益

反就业歧视法保护法益应为群体化的个人利益与社会公共利益。就业歧视兼具私人属性和公共属性。就业歧视侵害了劳动者的平等就业权，同时也损害了社会公共利益：其一，就业歧视侵害了劳动者的平等就业权。劳动者的平等就业机会不应因与劳动素质和能力无关的个人身体特征和社会特征而受到歧视。平等就业权虽然以权利命名，但与诸如人身权、财产权、知识产权这些法定权利类型不同，其实质上属于一种法益。就业歧视侵害了劳动者两位一体的利益集合，即人格尊严、就业机会的两位一体。其二，就业歧视具有社会公共属性。

就业歧视关乎宪法基本人权的实现，关系到国民的尊严和人力资源的开发利用，因而具有一定的公共属性。就业歧视关系到社会公共利益，社会正义的价值要求工作岗位向每一个主体保持平等开放的可能性，要求消除就业歧视、实现平等就业。[1]因此，就业歧视纠纷既属于私人权利争议，同时带有社会公共属性。群体化的社会利益应透过立法上升为普遍性的社会公共利益。

（三）构建多元综合实施理论

我国反就业歧视法应构建多元综合实施理论，建立包含行政实施、社会实施、个人实施三种实施机制在内的多元化综合实施体制，三者相互融合，特色鲜明，共同保护群体化的社会利益和群体化的个人利益。具体来说，可以用下图表示：

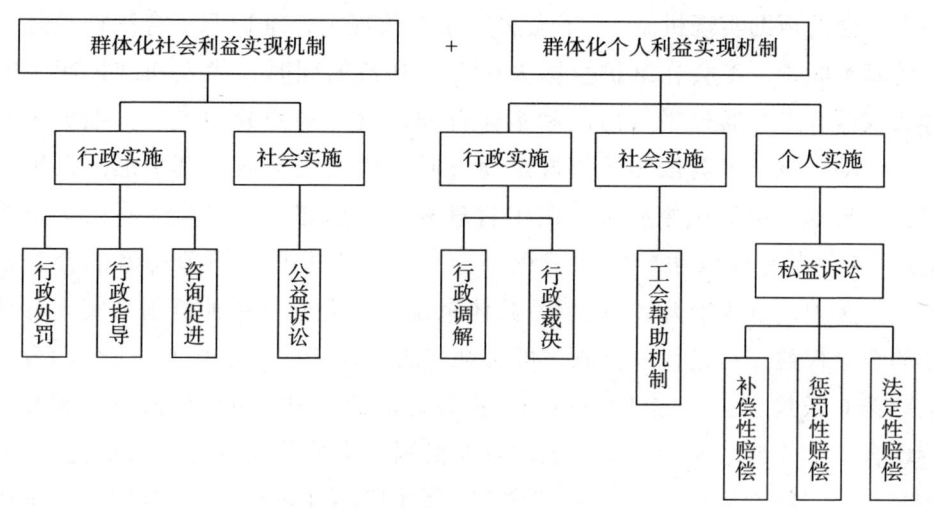

反就业歧视法多元综合实施理论图

二、构建多元化综合性实施体制

（一）构建公私兼顾的行政实施机制

我国反就业歧视法行政实施机制应当公私兼顾，承担起两项重要职责：一是通过行政执法维护社会公共利益；二是通过行政介入以实现平等就业权，

---

[1] 林嘉主编：《劳动法和社会保障法》，中国人民大学出版社2014年版，第90页。

维护群体化的个人利益。明确规定劳动保障行政机关的执法权限，将就业歧视纳入到《劳动保障监察条例》监察事项。劳动保障行政机关应内设就业歧视评议委员会，由其负责处理就业歧视私人申诉，认定其是否属于就业歧视，并予以行政裁决。行政裁决实行选择主义，当事人可以自主选择采用司法诉讼还是行政裁决。

（二）加强社会实施机制

拓展群体化社会利益的代表机制，建立团体诉讼制度，赋予妇联、残联等团体诉权，对于用人单位的就业歧视行为提起禁止令诉讼或不作为之诉。加强工会在维护劳动者合法权益方面的作用。

关于劳动法实践中的劳动权益的实现，除了劳动者的自我实现之外，还有工会的帮助实现机制。《工会法》第6条规定，维护职工合法权益是工会的基本职责。工会在维护全国人民总体利益的同时，代表和维护职工的合法权益。工会通过平等协商和集体合同制度，协调劳动关系，维护企业职工劳动权益。工会依照法律规定通过职工代表大会或者其他形式，组织职工参与本单位的民主决策、民主管理和民主监督。《劳动法》第7条规定："劳动者有权依法参加和组织工会。工会代表和维护劳动者的合法权益，依法独立自主地开展活动。"具体来说，工会通过两种机制来实现劳动者的合法权益：一是代表机制，即工会代表劳动者的合法权益。《劳动合同法》第6条规定："工会应当帮助、指导劳动者与用人单位依法订立和履行劳动合同，并与用人单位建立集体协商机制，维护劳动者的合法权益。"并在第5章"特别规定"中第一节"集体合同"专门规定集体合同。二是监督机制，工会行使劳动法律监督权依法维护劳动者的合法权益。《劳动法》第88条规定，各级工会依法维护劳动者的合法权益，对用人单位遵守劳动法律、法规的情况进行监督。任何组织和个人对于违反劳动法律、法规的行为有权检举和控告。《劳动合同法》第78条规定，工会依法维护劳动者的合法权益，对用人单位履行劳动合同、集体合同的情况进行监督。用人单位违反劳动法律、法规和劳动合同、集体合同的，工会有权提出意见或者要求纠正；劳动者申请仲裁、提起诉讼的，工会依法给予支持和帮助。《劳动保障监察条例》第7条规定，各级工会依法维护劳动者的合法权益，对用人单位遵守劳动保障法律、法规和规章的情况进行监督。因此，工会可以通过代表机制和监督机制依法帮助劳动者维护和实现其在反就业歧视领域的合法权益。

（三）完善司法救济机制

第一，应当在"劳动争议"中增设"就业歧视纠纷"的独立案由。就业歧视争议应当属于劳动法领域的特殊侵权纠纷，应当适用劳动法的争议处理程序。

第二，建立举证责任转移制度和法定抗辩制度。直接歧视和间接歧视都采用三步走的举证责任转移分配制度：第一步，原告证明差别待遇，直接歧视是证明差别对待，间接歧视是证明差别影响；第二步，被告证明其行为符合正当职业资格或者商业需要，直接歧视是证明正当职业资格，间接歧视是证明商业需要；第三步是原告反驳或者证明可替代性的就业实践。因此，反就业歧视法应当建立统一的举证责任转移分配制度，由原告承担证明差别待遇的举证责任，被告承担证明差别待遇具有合法性的举证责任。法律应当统一界定就业歧视，建立统一的抗辩制度。有下列情形之一的，即使造成差别待遇，也不构成就业歧视：一是正当职业资格的客观要求；二是用人单位合理的必要经营需要；三是法律规定的特殊保护措施；四是对特定人群给予的特殊优待措施；五是出于国家安全需要。

第三，设置多种形式的法律责任制度。一是应当确立强制缔约法律责任制度。强制缔约法律责任制度能够保障工作权，维护劳动者的就业机会权益。强制缔约并未违反民法缔约自由原则。强制缔约并不是适用于所有的就业歧视行为，而只是适用于那些双方已经达成录用意向，却基于法律禁止的歧视因素拒绝录用的情形。于此情形下，用人单位的违法行为属于无效行为，应当回到缔约的状态。二是应将就业机会损失纳入赔偿范围。首先，就业机会属于期待法益，属于法律保护的赔偿客体。其次，就业机会的丧失使劳动者遭受了财产上的不利益或非财产上的不利益。最后，就业机会丧失在客观上可以予以确定。机会利益丧失具有可确定性，这里的可确定性并非指机会实现本身是确定的，而是指机会丧失之客观损害可以确定。三是应按照保护法益设置不同的损害赔偿制度。首先，对于就业歧视行为所造成的财产损失应实行补偿性赔偿制。其次，对于精神损害赔偿，应当和《民法典》侵权责任编的规定相一致。再次，基于就业机会损失计算的困难性，对就业机会的损害赔偿应当采用法定赔偿制。最后，对于故意的就业歧视行为，应当实行惩罚性赔偿制。

第 3 章

我国反就业歧视法行政实施机制构建研究

第一节　我国反就业歧视法律亟需构建行政实施机制

一、就业歧视是我国当前需要解决的社会问题

就业歧视已经成为我国目前存在的社会问题。前文已经叙述过这个问题，即便在一些公务员招考中也存在着涉嫌就业歧视的现象。一些招考职位表中存在性别要求，要求男性的理由各种各样，大致有以下一些：经常出差调研；需要使用肩扛式大型摄像机；工作环境特殊；监事会主席秘书工作；需从事矿山井下安全监察工作；需常赴抢险救灾现场，条件艰苦；从事稽查工作；需经常出海；需经常户外和海上执法；要求有较强的身体素质；从事地震现场应急救援管理；派往非洲艰苦地区常驻；水上工作多；需经常到野外生产单位指导调研工作；需经常在船上工作；基层一线岗位；工作辛苦；需值夜班；工作强度大；体能要求高；需登轮；工作现场实行 24 小时查验；偏远地区执法；条件艰苦；经常加班；等等。这些要求男性的理由大都不符合《劳动法》第七章"女职工和未成年工特殊保护"的保护性要求，不属于妇女禁忌劳动的法定保护范围，无法构成只招男性的正当职业要求。合适的做法应是不设置性别要求，而是尽可能地详细说明岗位工作情况，将选择权交由报考人自己决定。

二、我国现行反就业歧视法律制度存在实施困局

就业歧视剥夺了一些群体的人格尊严，否定了个人施展才能和实现个人经济及社会价值的能力，加剧了人与人之间的不平等，同时也带来了严重的社会结构问题。[1]因此，无论是联合国国际公约，还是世界各国或地区的相关法律，都明确地反对就业歧视。我国《宪法》第 33 条第 2 款规定，公民在法律面前一律平等。《劳动法》第 3 条规定劳动者享有平等就业权，《劳动法》第 12 条规定，劳动者就业，不因民族、种族、性别、宗教信仰不同而受歧视。《就业促进法》第 3 条规定，劳动者依法享有平等就业和自主择业的权利。劳动者就业，不因民族、种族、性别、宗教信仰等不同而受歧视。我国《就业促进法》第 3 章"公平就业"专章禁止就业歧视，明确禁止种族、民族、宗教信仰、性别、残疾人、传染病病原携带者、农村劳动者等七种类型的就业歧视。《就业促进法》第 62 条规定："违反本法规定，实施就业歧视的，劳动者可以向人民法院提起诉讼。"

相较于《劳动法》，《就业促进法》在反就业歧视法律制度建设上有三个重大进展：一是禁行范围的扩大。《就业促进法》第 3 条作为弹性规定，可以将那些在民族、种族、性别、宗教信仰之外，但个人无法改变的特质纳入到反就业歧视法禁止的范围当中。《就业促进法》第 3 章通过列举的方式明确将残疾人、传染病病原携带者、农村劳动者纳入到禁行范围，从而将歧视因素扩展到残疾、健康、户籍等《劳动法》没有规定的范围。二是进入权利保护之途。《就业促进法》第 62 条规定诉讼实施机制，劳动者遭受就业歧视可以通过司法途径救济。三是国家在反就业歧视法中要扮演积极角色。《就业促进法》第 3 章明确规定国家要创造公平就业的环境，消除就业歧视，国家保障妇女享有与男子平等的劳动权利，国家保障残疾人的劳动权利。但是，《就业促进法》没有规定就业歧视的具体法律责任，司法实施机制过于原则化，仍然将就业歧视视为普通侵权行为，仅仅依赖司法救济机制予以实施。

---

[1] 李薇薇、Lisa Stearns 主编：《禁止就业歧视：国际标准和国内实践》，法律出版社 2006 年版，第 4 页。

然而，现行反就业歧视法律存在实施困局：一是行政实施机制阙如。现行法律没有明确规定反就业歧视的行政实施机制，《劳动保障监察条例》也没有将就业歧视纳入到劳动保障监察事项。二是司法实施机制规定得过于原则化，没有规定归责原则、证据规则、赔偿标准等具体制度，出现举证困难、赔偿不足等困境。三是没有规定就业歧视的具体法律责任形式，导致行政执法和民事赔偿都缺少相应的法律依据和具体标准。

三、我国亟需构建反就业歧视法行政实施机制

破解实施困局，关键在于构建行政实施机制。目前我国的相关反就业歧视法律已经就为何反就业歧视、反哪些就业歧视达成共识，当下亟需解决的难题是如何反就业歧视。法律的生命力在于实施，法律的权威也在于实施。如果说《劳动法》中的反就业歧视规范仅限于权利宣示，《就业促进法》则开启了权利由理论宣示向现实转化的进程。当前我国反就业歧视法治建设的重心在于构建切实可行的行政实施机制，有效治理就业歧视，保障平等就业权，促使反就业歧视成为国家的一项重要公共政策，促进社会公平正义。

翻阅世界各国或地区的反就业歧视法，设置行政实施机制，由专门行政机构负责实施是通行做法。若没有一个专门的、独立的机构实施反就业歧视法，这类法律就不能成功地得以履行。[1]然而，通行之下差异纷呈：从实施机构来看，各国或地区既有专业性机构模式，又有行政主管机关模式；从实施权限来看，各国或地区有行政调解模式、行政裁决模式、行政制裁模式、行政指导模式、咨询促进模式、行政执法加行政调解或行政裁决模式等类型；从实施程序上看，各国或地区有行政实施前置主义和选择主义之别。面对纷繁复杂类型多样的反就业歧视法行政实施机制，我国反就业歧视法是否需要构建行政实施机制？如何构建行政实施机制？我们认为，构建我国反就业歧视法行政实施机制，主要需要研究解决以下四个问题。一是行政为何实施：

---

〔1〕 Krintin Mile："挪威反对就业歧视的法律制度"，李薇薇译，载李薇薇、Lisa Stearns 主编：《禁止就业歧视：国际标准和国内实践》，法律出版社 2006 年版，第 664 页。

保护私人利益还是公共利益？这是行政实施机制的理论选择。二是由谁来实施，即行政何以实施：专业机构还是行政主管机关？这是行政实施机制的主体选择。三是行政介入如何维护私益：调解还是裁决？强制还是任意？这是行政如何维护私益的制度选择。四是行政如何维护公益：单纯公共实施机制还是扩展私人补充机制？这是行政如何维护公益的制度选择。下文就针对这些问题进行具体研究。

第二节　反就业歧视法行政实施机制的类型化

一、行政调解模式

行政调解模式是指反就业歧视法行政实施机构通过行政调解方式来解决当事人申诉的制度模式。按照行政机关是否具有诉权来划分，行政调解模式可以分为具有起诉权的行政调解模式和不具有起诉权的行政调解模式两种类型。

（一）具有起诉权的行政调解模式

具有起诉权的行政调解模式是指反就业歧视法行政实施机构通过调解来解决当事人的申诉，对于调解不成的案件，行政实施机构可以向法院提起诉讼的制度模式。美国、奥地利、中国香港特别行政区等国家和地区采用这种制度模式。1964 年美国国会通过了《民权法案》，该法第 7 章专门禁止就业歧视，创设了平等就业机会委员会（EEOC）作为实施机构，其被赋予提供技术支持、调查、调解，以及制定程序性法律解释规则的权力，其处理是诉讼管辖的前置程序，充当法院诉讼机制的守门员，只能借助于雇主的自愿遵守和和解来实施反歧视法。鉴于平等就业机会委员会的虚弱性，1972 年美国国会通过了《公平就业机会法案》，加强平等就业机会委员会的行政权力，赋予其检察起诉权，如果调解失败，平等就业机会委员会可以对私人雇主提起诉讼。美国学者 Marcia L. McCormick 认为，平等就业机会委员会最强有力的武器就是检察起诉权，起诉权使这个机构变得有了牙齿，但是因人员和财力的限制，其只能选择极少的案例起诉。[1]根据中国香港特别行政区的反歧视条例,接受投诉、调解解决争端是平等就业机会委员会的核心任务。必要时平等就业机会委员会有权就歧视案件提起诉讼,而且可以起诉香港政府。[2]奥地利于1979年制定《平等待遇法》,依法成立平等待遇委员会作为专门执行机构。任何人或团体认为自己受到歧视,可以提起申诉。平等待遇委员会进行调解,引导双方达成和解。如果平等待遇委员会认定歧视行为存在,委员会将向雇主提出消除歧视的建议,也可以要求雇主写出相关报告及整改措施。如果雇主拒不执行,委员会中的相关利益团体代表可以依据平等待遇法,向雇主起诉。[3]

(二) 不具有起诉权的行政调解模式

不具有起诉权的行政调解模式是指反就业歧视法行政实施机构通过调解来解决当事人的申诉,对于调解不成的案件,只能由当事人自己向法院提起诉讼的制度模式。德国、法国等采用这种制度模式。德国于2006年颁布《一般平等待遇法》,规定了联邦反歧视署的设置和职权。联邦反歧视署的职权包括调解权、调查权、询问权、取证权等。联邦反歧视署接受就业歧视申诉,对就业歧视行为进行调查,提出调解方案,不能调解或者调解不成的,则建议当事人起诉,但无权作为受害人的诉讼代理人。联邦反歧视署没有处罚权力,调解不成的,当事人只能通过法院诉讼解决,受害人起诉后才能得到赔偿。[4]法国于2004年依法设立了"反歧视与促平等高级公署",由其负责受理法律禁止的所有领域内基于法定原因的歧视行为的申诉。部分争议经过初步调查之后,对不符合受理条件的投诉,高级公署裁定驳回投诉。其他投诉将进一步进行审理,经高级公署合议团审议后,主要结果有:其一,高级公署向有关企业

---

[1] Marcia L. McCormick, *The truth is out there: revamping federal antidiscrimination enforcement for the twenty-first century*, 30 Berkeley J. Emp. & Lab. L. 193 (2009).

[2] 蔡定剑、刘小楠主编:《反就业歧视法专家建议稿及海外经验》,社会科学文献出版社2010年版,第136~141页。

[3] 蔡定剑、刘小楠主编:《反就业歧视法专家建议稿及海外经验》,社会科学文献出版社2010年版,第119~120页。

[4] 蔡定剑、刘小楠主编:《反就业歧视法专家建议稿及海外经验》,社会科学文献出版社2010年版,第168~169页。

或机构发出改正建议,有关企业或机构自行改正。其二,歧视比较严重,有可能构成刑事犯罪的,高级公署会将案件移交给检察机关。其三,在高级公署的主持与调解下,争议双方达成和解。其四,在双方无法达成和解或民事赔偿的情况下,高级公署一般会建议受害人向法院起诉。其五,经过进一步调查和审议,如果投诉理由不成立,高级公署会裁定驳回投诉。[1]

二、行政裁决模式

行政裁决模式是指反就业歧视法行政实施机构通过行政裁决方式来解决当事人申诉的制度模式。按照行政裁决是否具有效力来划分,行政裁决模式可以分为具有法律约束力的行政裁决模式和不具有法律约束力的行政裁决模式两种类型。

(一) 具有法律约束力的行政裁决模式

挪威采用这种制度模式。挪威议会决定于2005年设立平等与反歧视议会监察专员和处理上诉的平等与反歧视上诉法庭。新的议会监察专员是以目前的性别平等议会监察专员为示范而设立的一个新的公共机构,其将取代男女平等事务议会监察专员和性别平等中心以及种族歧视中心。这一机构将成为所有领域的歧视立法的执行机构。[2]个人、群体和组织(如工会和雇主组织)都可以将案件提交给议会监察专员,专员对所提交的每一个案件进行调查并判定是否违反了本法的规定。监察专员无权作出有约束力的决定。但如果发现存在违反《男女平等法》的情况,他会努力使双方达成自愿调解协议。如果协议没有被遵守,该案件可以由争议当事人一方或议会监察专员提交申诉委员会。男女平等申诉委员会由7名成员组成,全部是律师和法官。与议会监察专员部不同,委员会有权作出有约束力的决定。它禁止任何违反《男女平等法》的行为,可以命令当事方采取必要措施保证不再发生此类行为。但在歧视案件中,委员会不能作出损害赔偿或者其他金钱补偿的决定。这些特

---

[1] 蔡定剑、刘小楠主编:《反就业歧视法专家建议稿及海外经验》,社会科学文献出版社2010年版,第117~118页。

[2] 李薇薇、Lisa Stearns主编:《禁止就业歧视:国际标准和国内实践》,法律出版社2006年版,第664~667页。

别机构的存在并不妨碍当事人直接向法院起诉。

（二）不具有法律约束力的行政裁决模式

荷兰采用这种制度模式。荷兰于 1994 年颁布实施《平等待遇法》，依法组建一个独立的、专业化的、准司法性质的平等待遇委员会，有权受理关于歧视的投诉，经过调查与听证，当委员会确信自己掌握了充分的证据材料时，即可作出裁决。平等待遇委员会只是一个准司法性质的机构，其针对歧视投诉所作出的裁决并不具备法律约束力，一旦当事人双方或其中一方不服，可以向法院提起诉讼。事实上，平等待遇委员会的裁决通常能够得到当事人的自觉执行。数年来的实践证明，仅在极其少量的裁决中，当事人不服而向司法机关提起诉讼。[1]

三、行政执法模式

行政执法模式是指反就业歧视法行政实施机构通过行政执法来维护社会公共利益的制度模式。按照执法方式的不同，行政执法模式可以分为行政处罚模式和行政指导模式两种类型。

（一）行政处罚模式

我国台湾地区采用这种制度模式。目前我国台湾地区的反就业歧视规定主要有"性别工作平等法""就业服务法""劳动基准法"等。这三个法律针对就业歧视行为都规定了罚款等行政责任形式，执行机关为"行政院劳工委员会"与各级地方政府。各地方政府也受理就业歧视申诉，设置性别工作平等委员会或就业歧视评议委员会办理申诉审议事项。以性别歧视为例，"行政院劳工委员会"制定了"性别工作平等申诉审议处理办法"，该办法对行政申诉程序作了规定：其一，受理申诉阶段；其二，调查阶段；其三，审议阶段。申诉案件经调查后的调查记录，将送交性别工作平等委员会或者就业歧视评议委员会，按照多数人的意见作出决定。认为雇主违反"性别工作平等法"的，则表决就业歧视成立，并决定科处行政罚款额度。如果评议就业歧视不

---

[1] 蔡定剑、刘小楠主编：《反就业歧视法专家建议稿及海外经验》，社会科学文献出版社 2010 年版，第 106～109 页。

成立,则视需要进行后续转介处理。如果委员会认为调查资料不足以评定就业歧视是否成立,则于继续要求提供证据后,在下一次委员会评议。其四,结案及后续处理阶段。性别工作平等委员会应将审议结果做成审定书,由主管机关以书面形式通知申请人、相对人。申诉案经性别工作平等委员会会议决定就业歧视成立的,应函复申诉人及被申诉人会议决议,并且依照"性别工作平等法"第38条,处被申诉单位以行政罚款或给予警告并限期改善。其五,向"行政院劳工委员会"申请审议或者提起诉愿。法院对于劳工局就业歧视评议委员会或性别工作平等委员会所作出的处罚决定具有司法审查的权力。[1]

(二) 行政指导模式

日本采用这种制度模式。日本反就业歧视法律制度主要体现在《雇佣平等法》《劳动基准法》。《劳动基准法》第119条规定,对违反劳动基准法第4条规定者,即违反男女同工同酬的规定,对女性劳动者实施不利对待,处以6个月以下徒刑或者5000日元以下的罚金。日本在2006年修正的《雇佣平等法》中对违法行为的惩戒措施有:公布违法雇主名称;对未按要求进行如实报告的企业施加过失罚款。[2]日本在实施模式上选择了以行政指导而非诉讼为主要的实施机制。关于日本反就业歧视法的实施机构,在中央政府由劳动厚生省下设平等就业、儿童和家庭事务局担当,在都道府县行政机构内,由劳动局下属雇佣平等室担当。根据《雇佣机会平等法》的规定,劳动局雇佣平等室的主要职能是:一是通过召开集团说明会和学习探讨会等方式对雇佣机会平等法及相关法律进行宣传;二是提供免费的咨询和信息服务;三是以局长的名义,通过建议、指导、劝告的方式,协助劳动者解决与雇主之间的雇佣歧视纠纷;四是根据《雇佣机会平等法》第29条的规定,劳动局长有权要求企业提交履行该法的报告,并且针对报告给予建议、指导和劝告,以报告、指导的方式要求企业主动地履行义务,而不是等待劳动者在纠纷发生后进行救济;五是通过机会平等调解会议进行调解。当事人一方或者双方向雇

---

[1] 参见刘小楠:《港台地区性别平等立法及案例研究》,法律出版社2013年版,第47~51页。

[2] 辛崇阳、何霞:"日本反就业歧视制度研究",载蔡定剑、张千帆主编:《海外反就业歧视制度与实践》,中国社会科学出版社2007年版,第375页。

佣平等室提出申请后,由纷争委员会指定三名劳动法专家组成机会平等调解会议进行调解。调解只有在双方一致同意的情形下,才产生具有类似民事合同的法律效力。实践中,利用调解解决纠纷的事例很少,远远少于通过行政指导解决纠纷的情况。大部分案件在咨询后都通过雇主的主动纠正以及雇主与劳动者之间的协商而得以解决。《雇佣平等法》被以行政指导为主的实施机制有效地执行,通过不具有强制性的行政指导来完成,这是一部妥协与渐进的"软法"。[1]

四、咨询促进模式

咨询促进模式是指反就业歧视法行政实施机构通过提供咨询服务、开展宣传教育等引导活动来维护社会公共利益的制度模式,芬兰以及 2006 年之前的英国采用这种制度模式。

1. 芬兰模式

芬兰在 2004 年颁布了反就业歧视的专门法律《平等法》,在政府社会事务部设立专门负责执行《平等法》、集中解决就业歧视问题的平等委员会。平等委员会下设性别、少数民族方面的监察专员。芬兰平等委员会及其监察专员的职权与工作重心更多地放在提供咨询方面,而不是法律上的解决。在咨询解决不了问题时,监察专员可将问题进一步提交相关机构,或建议当事人向法院、警察局提起司法诉讼。当事人被歧视后,除了选择到行政机构咨询、调解之外,还可以到法院起诉。[2]

2. 2006 年之前的英国模式

英国在 2006 年之前采用这种模式。英国于 1975 年颁布实施《性别歧视法案》,依法成立独立的公共机构平等就业机会委员会,具体职能如下:一是进行性别统计、对相关法律与政策进行研究,为政府和社会提供性别歧视方面的数据信息以及意见和建议。二是支持妇女的上诉案例,对受害人提供免

---

〔1〕 何霞:"法律与实施:日本的反歧视法",载周伟、李薇薇等:《禁止就业歧视的法律制度与中国的现实》,法律出版社 2008 年版,第 42~57 页。

〔2〕 蔡定剑、刘小楠主编:《反就业歧视法专家建议稿及海外经验》,社会科学文献出版社 2010 年版,第 124 页。

费法律帮助。三是开展性别平等宣传工作。平等就业机会委员会并不具备一般平等机构所具有的接受就业歧视投诉并作出调解或裁决的权力，对于性别就业歧视的受害人，其仅能在其诉讼过程中提供法律帮助。委员会的主要工作不是解决具体的歧视问题，而是通过各种统计数据及其研究，向政府和社会传达一种声音，以帮助和促进性别就业歧视问题的解决和消除。[1]

五、行政执法加行政调解或行政裁决模式

行政执法加行政裁决或者行政调解模式是指反就业歧视法行政实施机构具有行政执法、行政调解或行政裁决两种职责的制度模式，反就业歧视法行政实施机构负有两个职责：一是通过行政执法来维护社会公共利益，二是通过行政调解或者行政裁决来解决私权争议。具体可以分为行政执法加行政调解模式、行政执法加行政裁决模式。

（一）行政执法加行政调解模式

英国和韩国采用这种制度模式。英国于 2006 年颁布《平等法》，规定了委员会的设置和权力，依法成立统一的平等和人权委员会。英国平等和人权委员会在解决歧视问题上拥有两大类权力：一为一般权力，包括制定消除歧视的各种条例，进行询问、获取信息、提供建议等；二为对处理具体歧视问题的强制执行权力，如调查权、发出违法通知及要求改进、协调与调解、向法院申请禁令以及法律援助的权力与义务等。具体工作包括：其一，执行各种反歧视的法律，制定执行法律的具体条例；其二，统一整合就业歧视方面的各种资料和信息，并向社会提供；其三，对关于歧视、平等机会等人权问题展开一般调查，向政府、各种机构提出改善建议，就有关歧视与平等方面的事务向政府部门或特定机构提出质询；其四，具体处理就业方面的歧视纠纷，安排调解，为投诉受歧视的人士提供法律意见；其五，调查处理涉及歧视或者骚扰的具体事件，如果证实存在歧视或骚扰，委员会会向有关机构发出"违法通告"，要求有关机构制定改善措施，如果歧视情况没有改善，委员

---

[1] 蔡定剑、刘小楠主编：《反就业歧视法专家建议稿及海外经验》，社会科学文献出版社2010年版，第 115~116 页。

会可以向法庭申请禁止令,阻止歧视情况持续;其六,与雇主、服务及教育提供者共同制定反歧视的实务守则。[1]

韩国的反就业歧视法主要有《国家人权委员会法》《男女雇佣平等法》《反残疾人歧视法》《反年龄歧视法》等法律。根据《男女雇佣平等法》,受害人也可以直接向劳动部门的平等就业委员会提出申诉要求调解。雇主违反本法将面临 3~5 年的监禁或者 500 万~3000 万韩元的罚款。如果法人代表或者法定代理人违反本法,行为人和法人单位都要面临上述处罚。根据《反残疾人歧视法》,受害人可以向国家人权委员会提出申诉。国家人权委员会发出的建议书应当通知法务部。如果建议书没有得到履行,法务部可以发出救济令。对法务部的救济令有异议者,应在 30 天内向法院提出审查申请,逾期不申请,则救济令产生法律效力。任何人拒不履行法务部的救济令,将面临 3000 万韩元的罚款。救济令的内容包括停止歧视行为、赔偿损失、采取措施消除其他可能的歧视行为等。如果法院认为歧视者出于恶意,则可以判决歧视者 3 年监禁或者 3000 万韩元的罚款。根据《反年龄歧视法》,年龄歧视受害者可以向国家人权委员会提出申诉,国家人权委员会调查确定歧视事实成立后可以向雇主提出建议,雇主应当执行并将执行内容和结果通知国家人权委员会。如果雇主无合法理由拒不执行国家人权委员会的建议,受害者可以向劳动部申请发布救济令,劳动部若认为可以,应当在申请之日起 3 个月内发布救济令。救济令的内容包括停止歧视行为、恢复原状、防止歧视行为的再次发生等。该法规定了处罚措施。报复歧视受害者的雇主将面临 2 年以下监禁和 1000 万韩元以下的罚款。在招聘和就业其他环节进行年龄歧视的雇主将面临 500 万韩元以下的罚款。[2]

(二) 行政执法加行政裁决模式

加拿大采用这种制度模式。1978 年加拿大颁布实施《人权法》,1986 年制定《就业平等法》,加拿大人权委员会负责执行这两个法案。委员会负责监

---

[1] 蔡定剑、刘小楠主编:《反就业歧视法专家建议稿及海外经验》,社会科学文献出版社 2010 年版,第 115~116 页。
[2] 林燕玲主编:《反就业歧视的制度与实践——来自亚洲若干国家和地区的启示》,社会科学文献出版社 2011 年版,第 280~283 页。

察雇主对本法案的执行。委员会可以指定某人为监察官员来对有关雇主进行监察。监察官员的职权包括现场检查、查阅和复制有关记录、账簿等。监察官员发现雇主存在歧视行为的，应当与雇主协商并以书面形式达成具体改进协议。如果雇主不配合监察官员工作，或者未达成协议，或者达成协议后，雇主不履行协议，那么监察官员应当向委员会汇报，委员会向雇主发出挂号通知，要求其改进。委员会根据实际情况可以撤销或者修改其发出的挂号通知。一方面雇主可以对委员会的挂号通知向委员会主席提出复议申请，另一方面委员会也可以向主席申请命令。委员会建立雇佣平等复议裁判庭，由加拿大人权委员会的1名到3名成员组成。裁判庭可以举行听证，要求双方提供书面陈述和证据。裁判庭的决定，可以以命令等形式确定、改变或者撤销委员会的通知或者其他命令。裁判庭的决定，除了联邦法院的司法审查外，不得上诉到任何法院。裁判庭的决定经过法定的程序获得等同于法院判决的强制执行效力。[1]

加拿大人权委员会是为歧视受害者提供法律救济的专门机构，同时还承担着和其他部门合作以积极推动社会反歧视发展的职能。歧视受害人可以向委员会申诉。委员会受理后应当派调查人员进行调查。调查人员在调查结束后提交报告，委员会根据报告向歧视受害人和实施人发出要求和解的书面通知。如果在上述程序中没有解决，委员会可以任命调解人员进行调解。调解书需由委员会或者当事人向法院申请才具有法律效力。如果调解不成，则可以要求人权裁判庭进行裁决。加拿大人权裁判庭由15名成员组成。如果裁判庭认为歧视事实成立，可以作出判决，要求停止歧视行为，恢复原状、给予赔偿、给予不超过2万元的精神赔偿。如果法庭认为歧视实施人具有故意或者放任情节，可以再判处不超过2万元的赔偿。裁判庭的判决在普通法院登记后生效。[2]

---

[1] 蔡定剑、刘小楠主编：《反就业歧视法专家建议稿及海外经验》，社会科学文献出版社2010年版，第66~67页。

[2] 蔡定剑、刘小楠主编：《反就业歧视法专家建议稿及海外经验》，社会科学文献出版社2010年版，第69页。

第三节 反就业歧视法行政实施机制的法理根据

一、行政介入理论：行政调解模式与行政裁决模式的法理根据

（一）行政介入私权争议的形式

行政介入是指在私权争议发生后，至相关当事人就该纠纷于民事法院起诉前，行政机关基于法律规定，因当事人一方或双方之请求，或依职权而参与调停或干预、裁决其纷争之过程与措施。行政介入是行政机关干预社会生活的新方式。行政介入主要可分为行政调解、行政调处、行政裁决、行政仲裁、行政规制。[1]行政调解指的是基于纷争当事人之合意，而由行政机关介入调停纠纷之解决的行政介入形式。行政机关介入私权争议之主要类型是调处及调处不成立时之裁决。调处的开始通常是由纷争当事人之一方片面发动。行政仲裁是指依据法律规定无仲裁协议亦得或亦应提交仲裁，由行政机关办理或由行政机关辅之以执行手段之仲裁为然。行政规制因以行政机关之管理的固有权限为基础，其对于私权争议解决的影响只是其附随的反射作用，争议当事人间关于争议事项之实体关系并不因规制机关在规制上的决定，而直接有发生、变更或消灭的效力。[2]在就业歧视领域，世界各国或地区行政介入形式主要是行政调解和行政裁决。

（二）行政为何介入就业歧视争议

黄茂荣教授认为行政介入的必要性在于：其一，避免当事人在法院容易有过度对立的态势；其二，司法程序通常相当费时，不适合一些需要速决的案件；其三，节省程序费用；其四，基于经济上的考量，对于争诉标的之经济价值微小的案件提供简易、省费的解决途径；其五，确保艰困案件得到平等有效的解决，例如关于法律事实的鉴定比较困难或受害范围较大之灾难性

---

[1] 黄茂荣：《行政机关介入私权争议之研究》，"行政院"研究发展考核委员会编印2000年版，第5~6页。

[2] 黄茂荣：《行政机关介入私权争议之研究》，"行政院"研究发展考核委员会编印2000年版，第25页。

的案件；其六，法律救济之保障功能；其七，避免多余的诉讼；其八，减轻法院的负担。[1]在就业歧视领域，实施行政介入的国家或地区认为行政权介入私权争议有其必要性，行政介入可以快速解决争议，减少时间和诉讼成本，避免争议双方的对立，减轻法院负担。有学者认为，反就业歧视法专门机构比司法机关更具有优势，法院救济程序过于冗长、举证责任过于严格、诉讼成本过高。这就需要建立反就业歧视法专门机构，帮助处于弱势地位的歧视受害者实现司法救济，从个人救济转化为制度性救济，从事后救济转化为事前预防，从权利基础上的司法判断转化为平等基础上的协商行为，改变雇主与雇员之间的对立关系，建立一种相互补充和相互合作的和谐关系。[2]

（三）行政介入就业歧视争议的强度

关于行政介入的强度，行政介入的强度首先表现在介入的任意性或强制性，此即诉讼前之介入程序采任意主义或前置主义的问题。其次表现在行政决定中之事实的认定或法律意见对于法院之拘束力的有无。在私权争议之行政介入程序中，行政机关调查所得之证据或委托鉴定取得的鉴定意见，或自己所作关于法律事实之认定结果，或对相关法律所持意见，均在原则上对法院无拘束力。行政机关关于事实之认定对于法院而言，其充其量仅具有专家之鉴定意见的意义。至于行政机关关于法律要件之解释对法院是否有拘束力，系于行政机关对该要件中不确定概念的解释依法是否享有判断余地。对于个别私权争议之行政介入，不论采任意主义或强制主义，行政机关后来之决定结果原则上皆应接受司法审查，其审查机制包括就该决定申请强制执行前应先经法院核定，以及当事人对之有不服得向普通法院或行政法院起诉，请求救济。[3]

在就业歧视的行政介入领域，美国采前置主义，平等就业机会委员会的行政介入是法院诉讼管辖的前置程序，行政介入充当法院诉讼机制的守门员。法国、德国、英国、荷兰、芬兰、中国香港特别行政区等实行选择主义，当

---

〔1〕 黄茂荣：《行政机关介入私权争议之研究》，"行政院"研究发展考核委员会编印2000年版，第53~54页。

〔2〕 蔡定剑、刘小楠主编：《反就业歧视法专家建议稿及海外经验》，社会科学文献出版社2010年版，第27~28页。

〔3〕 黄茂荣：《行政机关介入私权争议之研究》，"行政院"研究发展考核委员会编印2000年版，第63页。

事人可以选择行政介入或者直接进行民事诉讼。

(四) 行政介入就业歧视争议的合宪性

按照私法自治的原则，私权争议的解决是司法权的范围。然而，是否所有的私权争议都系为法院之固有权限或独占性权限，构成宪法上的"司法保留"，而此并非明确规定为宪法保留，立法者仍然可以享有空间，通过制定法律授权行政机关介入私权争议。因此，只要未触及司法保留范围，法院对相关争议事件之解决即无专属权，立法者本于其立法权限的全方位性以及形成自由，得以立法决定私权争议事件之解决程序与方法。据此，立法者得否立法容许行政机关介入私权争议之解决过程，首先取决于其容许是否侵犯到属于司法保留范围的法院民事诉讼审判权。民事诉讼审判权的关键性要素为法官对争议事件拥有潜在的最后决定权，行使司法权的法院的关键性权力存在于对争议事件的"最后决定权"，而非"第一手发言权"。因此，若立法容许行政机关介入私权争议的程度，达到限制或甚至剥夺了法官此等潜在的最后决定权，该容许即属于立法者对司法保留的侵害而为宪法所不许。反之，只要未达到排除法院对于行政机关就私权争议所为决定的审查权的程度，即使是属于前置程序之强制性的行政介入，因已留下法院于必要时得加以干预的机会，而非为宪法所不许。要之，在私权争议之解决过程中，不论是强制性或任意性的行政介入前置程序，若规定行政机关在行政介入中所作的决定，最后除非因当事人消极错过异议期间或积极表示同意，否则皆应经法院之审查与核定始能生效，则从宪法之权限分配的观点出发，立法者之立法应已符合宪法上容许行政介入之前提条件。[1]

因此，考察行政介入私权争议的法律是否合宪需看行政介入作出的决定是否具有最终拘束力。如果行政介入可以进行司法审查，则其具有合宪性，否则因其损害民事诉讼审判权的宪法保留而有违宪的可能，不符合宪法上容许行政介入的前提条件。由此观之，反就业歧视法律制度中的行政调解制度也没有违反宪法之虞，虽然其具有前置性，但并没有取消或者限制当事人的

---

[1] 黄茂荣：《行政机关介入私权争议之研究》，"行政院"研究发展考核委员会编印2000年版，第13~14页。

诉权。行政调解基本上对于私权应无负面影响的问题。然在调解实务上也不宜因此忽略时间之耽搁,可能引起正义迟来的疑惑。[1]

二、行政公益性原理:行政执法型与咨询促进型的法理根据

行政公益性原理认为,公共行政的目的在于满足政府所认定的公共利益,[2]行政权的任务在于维护和保障社会公共利益,行政本质上是一种对公共利益的集合、维护和分配活动。[3]在20世纪之前的自由法治国家,行政主要表现为规制行政,通过限制私人的权利、自由,以实现社会公共利益。[4]一直到现在,规制的公益理论仍然被法律人奉为正统。[5]德国著名法学家哈特穆特·毛雷尔认为,行政的出发点是公共利益。[6]20世纪以来,随着社会关系的复杂化,传统的单方性与强制性的行政行为已经不能完全适应社会的发展,立法开始寻求新型的行政行为方式,使行政行为富含民主色彩和充满人文关怀精神,"行政计划、行政奖励、行政指导、行政契约等权力色彩较淡或强制色彩较弱的新型行政行为方式应运而生,成为新宠。"[7]

按照行政公益性原理,行政权旨在保护社会公共利益。维护私人利益是司法权的任务和目的,行政权不宜介入私人权利争议。在就业歧视领域,行政执法型与咨询促进型实施模式都旨在维护社会公共利益,而不是介入私人争议。我国台湾地区的行政处罚型实施模式本质上还是传统的规制模式,日本则选择了以行政指导为主的实施机制。咨询促进型不是惩罚和规制,而是在于通过引导教育的方式实现公共利益。其实,将就业歧视归结于"无知"或"无理偏见",是各国反就业歧视法治发展早期的常见现象。[8]例如,美国各

---

[1] 黄茂荣:《行政机关介入私权争议之研究》,"行政院"研究发展考核委员会编印2000年版,第27页。
[2] 王名扬:《法国行政法》,北京大学出版社2007年版,第2页。
[3] 叶必丰:《行政法的人文精神》,湖北人民出版社1999年版,第142页。
[4] [日]盐野宏:《行政法》,杨建顺译,法律出版社1999年版,第9页。
[5] [英]安东尼·奥格斯:《规制:法律形式与经济学理论》,骆梅英译,中国人民大学出版社2008年版,第55页。
[6] [德]哈特穆特·毛雷尔:《行政法学总论》,高家伟译,法律出版社2000年版,第6页。
[7] 傅红伟:《行政奖励研究》,北京大学出版社2003年版,第90页。
[8] 阎天:"重思中国反就业歧视法的当代兴起",载《中外法学》2012年第3期。

州于 20 世纪 40 年代出现了最早的反就业歧视专门立法尝试。当时虽倡议建立反歧视专门行政机构，但往往将其职权限制于调解、斡旋等，就是因为人们普遍认为歧视源于观念，最合适的矫正方式是教育而非法律干涉。[1]

三、公私兼顾论：行政执法加行政调解或行政裁决模式的法理根据

公私兼顾论认为行政权的主要目的在于维护社会公共利益，但在特定情形下可由法律授权行政机关介入私权争议，从而使得行政权能够公私兼顾。这种公私兼顾的理论融合了行政介入私权理论和行政公益性原理，使得反就业歧视法行政实施机构负有两个职责：从公的向度上，设置行政机关维护社会公共利益，通过行政处罚或者行政指导来实现这一目的；从私的向度上，基于就业歧视争议的特殊性而授权行政机关介入就业歧视争议，通过行政调解或者行政裁决来解决私权争议，实现平等就业权。按照公私兼顾理论，反就业歧视法行政实施机制采用行政执法加行政调解或行政裁决模式。

第四节 我国应当构建公私兼顾的反就业歧视法行政实施机制

一、我国反就业歧视法行政实施应当采用公私兼顾论

（一）就业歧视兼具私人属性和公共属性

就业歧视侵害了劳动者的平等就业权，同时也损害了社会公共利益：其一，就业歧视侵害劳动者的平等就业权。平等就业权是指公民就业机会平等，不因与劳动素质和能力无关的个人身体特征和社会特征而受歧视。就业歧视侵害了劳动者两位一体的利益集合，即人格尊严和就业机会的损失。其二，就业歧视带有一定的社会公共属性。就业歧视关乎宪法基本人权的实现，关系到国民的尊严和人力资源的开发利用，因而具有一定的公共属性。就业歧视关系到社会公共利益，社会正义的价值要求工作岗位向每一个主体保持平

---

[1] David Freeman Engstrom, *The Lost Origins of American Fair Employment Law: Regulatory Choice and the Making of Modern Civil Rights*, 1943 – 1972, 63 Stan. L. Rev. 1071, 1086 (2011).

等开放的可能性,要求消除就业歧视、实现平等就业。[1]因此,就业歧视纠纷本质上属于带有公共属性的私人权利争议。

(二)就业歧视纠纷需要行政介入以维护私人利益

在就业歧视领域,行政介入有其必要性,行政介入可以快速解决争议,减少时间和诉讼成本,避免争议双方的对立,减轻法院负担。有学者认为,反就业歧视法专门机构相比于司法机关更具有优势,法院救济程序过于冗长、举证责任过于严格、诉讼成本过高。这就需要建立反就业歧视法专门机构,帮助处于弱势地位的歧视受害者实现司法救济,从个人救济转化为制度性救济,从事后救济转化为事前预防,从权利基础上的司法判断转化为平等基础上的协商行为,改变雇主与雇员之间的对立关系,建立一种相互补充和相互合作的和谐关系。[2]因此,我国反就业歧视法应当授权行政机关介入就业歧视争议,通过行政调解或者行政裁决解决就业歧视争议。

(三)就业歧视的公共属性需要行政执法以维护社会公共利益

就业歧视具有公共属性,侵害了社会公共利益,我国反就业歧视法应当设置行政实施机构,通过行政执法来维护社会公共利益。行政实施机构一方面通过行政制裁追究就业歧视行为人的行政责任,另一方面开展宣传教育和研究工作促进反歧视的社会化,增进全社会形成反就业歧视的共识,促进基本权利的实现。

二、行政以何实施:行政主管机关加内设专业机构的实施机制

(一)两种制度模式

1. 专业机构模式

采用行政介入理论的国家或地区的反就业歧视法往往实行专业机构模式,即建立专业化、独立性的行政机构来处理就业歧视争议,美国、奥地利、中国香港特别行政区、德国、英国、法国、加拿大、荷兰等国家或地区的反就业歧视法采用专业机构模式。美国平等就业机会委员会、奥地利平等待遇委

---

[1] 林嘉主编:《劳动法和社会保障法》,中国人民大学出版社2014年版,第90页。
[2] 王福平:"海外反歧视专门法研究",载蔡定剑、刘小楠主编:《反就业歧视法专家建议稿及海外经验》,社会科学文献出版社2010年版,第28页。

员会、中国香港特别行政区平等机会委员会、德国联邦反歧视署、英国平等和人权委员会、法国反歧视促平等高级公署、加拿大人权委员会、荷兰平等待遇委员会等都是专门处理就业歧视争议的行政实施机构，拥有受理权、调查权、询问权、取证权、调解权、裁决权等准司法权限，可以通过行政调解或者行政裁决来处理就业歧视争议。

除了前述准司法权限之外，有些专业机构还享有检察起诉权限、行政权限、立法权限等法律赋予的其他权力。例如，美国平等就业机会委员会拥有制定程序性法律解释规则的权力，可以行使检察起诉权，如果调解失败，平等就业机会委员会可以对私人雇主提起诉讼。又如，英国平等和人权委员会能够制定消除歧视的各种条例，可以向法庭申请禁止令。

2. 行政主管机关模式

采用行政公益性原理的国家或地区的反就业歧视法一般实行行政主管机关模式，即由行政主管机关负责行政执法以维护社会公共利益，私人之间的就业歧视争议由法院予以处理解决。我国台湾地区和日本采用行政主管机关模式。目前我国台湾地区的反就业歧视规定主要有"性别工作平等法""就业服务法""劳动基准法"等法律，这些法律的执行机关为"行政院"劳工委员会与各级地方政府，就业歧视申诉受理机关是各地方政府。各地方政府应设立性别工作平等委员会或由就业歧视评议委员会办理申诉审议事项。再申诉机关是"劳委会"性别工作平等委员会。行政申诉并非司法救济的前置程序，受雇者或者求职者可以直接向法院起诉。性别工作平等委员会或由就业歧视评议委员会所作的评议决定仅能供主管行政机关参考，没有任何法律拘束力，无法对申诉人提供充分保障。在评议委员会作出歧视成立的裁决后，是否处以罚款及其额度，都是由劳工局局长决定。因此，焦兴铠教授主张强化两个委员会的功能和职权，使其具有准司法机关的性质。[1]日本采取以行政指导为主的雇佣平等纠纷的解决机制。日本反就业歧视法的实施机构，在中央政府内，由劳动厚生省下设平等就业、儿童和家庭事务局担当，而在都

---

〔1〕 焦兴铠："台湾就业歧视评议制度之现状及实施检讨评析"，载林嘉主编：《社会法评论（第三卷）》，中国政法大学出版社2008年版，第168页。

道府县行政机构内，由劳动局下属雇佣平等室担当。

（二）学界观点：一元论和二元论

1. 一元化的行政调解加行政责任模式

一元化的行政调解加行政责任模式是指由同一个行政机构实施行政调解和行政责任两种职权。这种模式有两种具体类型：一种是专业机构行政调解加责令限期改正模式，周伟教授发表的"反歧视法学术建议稿"采用的是这种模式；[1]一种是劳动保障行政部门行政调解加行政处罚模式，周洪宇教授发表的"《反就业与职业歧视法》立法构想及建议稿"采用的是这种模式。[2]

周伟教授提出了行政调解加责令期限改正模式。"反歧视法学术建议稿"设专章"平等机会委员会"，平等机会委员会是一个按照行政区划设立的独立行政机构。该建议稿第55条规定："平等机会委员会行使下列职权：①负责反歧视工作的宣传、教育与实施；②对用人单位的反歧视工作提出建议；③受理认为受到歧视的公民的申诉；④对被认为构成歧视的差别对待进行调查；⑤对申诉人与被申诉人进行调解；⑥支持认为受到歧视的障碍、少数民族、妇女、艾滋病和乙肝病毒携带群体向人民法院的起诉。"该建议稿第58条规定："平等机会委员会调查认定差别对待构成歧视的，按下列情况处理：①国家机关实施歧视的，建议其自行纠正。拒不纠正的，提请该机关的上一级机关或监察机关处理；②单位或个人实施歧视的，责令其限期改正；③对申诉人与对被申诉人就歧视纠纷进行调解；④必要时向新闻媒体和社会公开处理情况。"该建议稿在第7章"法律责任"中，在民事责任之外规定了行政责任，第69条规定："用人单位拒不接受平等机会委员会的建议和处理结果的，平等机会委员会可以将有关情况向新闻媒体通报或者刊发在该委员会的工作刊物中予以公开公布。"另外，根据该建议稿第64条的规定，行政申诉并不是反歧视民事诉讼的前置程序，二者是选择性关系，由受害者自主选择。[3]

周洪宇教授提出行政调解加行政处罚模式。"反就业与职业歧视法建议

---

[1] 周伟："中华人民共和国反歧视法学术建议稿"，载《河北法学》2007年第6期。

[2] 周洪宇："《反就业与职业歧视法》立法构想及建议稿"，载《武汉商业服务学院学报》2006年第2期。

[3] 周伟："中华人民共和国反歧视法学术建议稿"，载《河北法学》2007年第6期。

稿"第 30 条规定:"雇员发现雇主违反第 7 条至第 14 条的规定,在 1 年内可以向县级劳动和社会保障行政机关申诉。县级劳动和社会保障行政机关应于接到申诉后 7 日内展开调查,并可以依职权对双方当事人进行调解。"该建议稿第 31 条规定:"求职者或者雇员发现雇主违反第 7 条至第 14 条规定时,应当向劳动和社会保障行政机关申诉。雇主、受雇者或求职者不服行政处理决定,可以在 10 日内向本级劳动平等委员会申请复议或者直接向法院提起民事诉讼。"由此,劳动和社会保障行政机关行使的是行政调解权,行政调解是民事诉讼的前置程序。该建议稿第 34 条规定:"自然人、法人和其他组织严重违反第 7 条至第 14 条的规定,劳动和社会保障行政机关可以处以 1 万元以上10 万元以下的罚款。"[1]

由是观之,周伟教授和周洪宇教授都采用一元化的行政调解加行政责任的模式,行政执法机关具有公私两个方面的职责:行政调解针对的是就业歧视争议的私权争议,行政责任针对的是就业歧视的公共属性。两种类型的差别在于:一是行政机关不同。周伟教授认为应当由平等机会委员会承担实施职责。周洪宇教授认为由劳动保障行政部门承担执法责任,并在各级劳动保障行政机关内设劳动平等委员会。二是行政责任形式不同。周伟教授主张采用两种修复性的行政责任形式:责令限期改正、向新闻媒体通报或者刊发在该委员会的工作刊物中予以公开公布。周洪宇教授主张采用惩罚性的行政责任:予以行政罚款。三是行政调解与民事诉讼的关系不同。周伟教授主张选择主义,由当事人自主选择。周洪宇教授主张前置主义,行政调解是民事诉讼的前置程序。

2. 二元化的行政裁决加行政处罚模式

二元化的行政裁决加行政处罚模式是指由两个不同的行政机构分别行使行政裁决和行政处罚两种职权。由蔡定剑教授领衔的中国政法大学宪政研究所发布的"反就业歧视法专家建议稿"采用行政裁决加行政处罚的二元行政实施模式:一是由平等机会委员会处理就业歧视争议。根据"反就业歧视法

──────────
[1] 周洪宇:"《反就业与职业歧视法》立法构想及建议稿",载《武汉商业服务学院学报》2006 年第 2 期。

专家建议稿"第 37 条、第 47 条的规定,由平等机会委员会受理、调查、调解、裁决劳动者提出的有关就业歧视的申诉。根据该建议稿第 44 条的规定,平等机会委员会在作出裁决前,应当先行调解,即实行调解前置原则。根据该建议稿第 48 条的规定,平等机会委员会的受理程序是法院受理歧视争议案件的前置程序,平等委员会的裁决与劳动争议仲裁的性质相似,都不能直接发生法律效力,当事人不服可以向法院提起民事诉讼。如果当事人在收到裁决书之日起 15 日内没有向法院起诉的,裁决书发生法律效力。[1] 二是由政府劳动行政主管部门负责对本行政区域内的用人单位实施公平就业和职业平等情况的监督执法。根据该建议稿第 8 条、第 51 条的规定,对违法者给予警告,并责令改正,并可根据情节处以 5 万元以下的罚款。

这种模式实际上创设了一个与劳动争议仲裁委员会相似的平等机会委员会,使得就业歧视争议案件走一调一裁两审制的模式,这种模式并没有排除司法保留范围的法院民事诉讼审判权,只要行政途径中的一调一裁期限不太长,不至于阻碍当事人权利的实现,应当不会产生违反宪法之虞。但是由此产生两个需要协调的问题:一是平等机会委员会的行政裁决权与劳动行政主管机关的监督处罚权限如何协调?根据专家建议稿,平等机会委员会和劳动行政主管机关是两个独立的行政机构,两者之间的工作是否应当具备必要的联系?行政主管机关的监督处罚是否只能在平等机会委员会作出肯定性的裁决后才能给予处罚呢?二是平等机会委员会的行政裁决权与法院的司法权应如何协调?根据该建议稿第 49 条规定,平等机会委员会和法院采用同样的证据规则,即双方当事人共同承担举证责任或举证责任转移的证据规则,那么平等机会委员会调查所得的证据或委托鉴定取得的鉴定意见,或自己所作关于法律事实之认定结果,或对于相关法律所持意见,对于法院来说是否具有一定的拘束力?是否只要有充分的证据支持,平等机会委员会对事实的认定就具有最终的效力?另外,关于行政裁决的效力,如果当事人不服,是提起行政诉讼还是提起民事诉讼呢?

---

[1] 中国政法大学宪政研究所:"反就业歧视法专家建议稿",载蔡定剑、刘小楠主编:《反就业歧视法专家建议稿及海外经验》,社会科学文献出版社 2010 年版,第 10~21 页。

3. 行政处罚模式

行政处罚模式是指行政机关只承担行政执法职责，而不介入私权争议。这种模式又可以分为两种观点：一种观点主张不新设机构，由劳动保障行政部门负责行政实施，扩大其实施权限。例如，谢增毅认为，考虑目前在我国设立独立的反歧视和平等促进机构的难度较大，我国可以考虑在劳动和社会保障机构内设立独立的部门，负责反就业歧视监察和平等权的促进。[1]阎天认为，就行政处罚权而言，处罚对象应当扩及更多的歧视行为。而处罚额度的高低，应当以产生必要的威慑作用为标准来设置。高额行政处罚可以替代惩罚性损害赔偿的威慑功能，不失为法制完善之策。就监察前置而言，如果我国根本没有美国那样多的就业歧视纠纷，过滤案件、减轻法院负担的需要就很小，没有必要设定监察前置程序。[2]另一种观点认为建立专门机构进行行政处罚。例如，李雄认为，用人单位的就业歧视行为是一种严重破坏人力资源市场管理秩序的行政违法行为，应承担行政责任。应建立平等机会委员会，由其定期或不定期地对用人单位进行就业歧视方面的检查，并对实施就业歧视行为的用人单位进行处罚。[3]

行政处罚模式和二元化的行政裁决加行政处罚模式都认为就业歧视具有双重违法属性，既违反了私人利益，同时又违反了社会公共利益，基于保护社会公共利益的需要，反就业歧视法应当设置行政责任，由行政主管机关或者专门机构调查处分。不同之处在于二元化的行政裁决加行政处罚模式认为私人利益可以通过专业性机构的行政之途予以保护，行政处罚模式认为私人利益纠纷应通过司法途径予以解决，行政机关不应介入。

(三) 行政主管机关加内设专业机构：我国反就业歧视法的实施主体选择

1. 公私兼顾论要求行政实施机构身兼二职

我国反就业歧视法行政实施机制应当公私兼顾，既保护社会公共利益，又介入私权争议。就业歧视属于私人权利争议，同时又带有社会公共属性。

---

[1] 谢增毅："英国反就业歧视法与我国立法之完善"，载《法学杂志》2008年第5期。
[2] 阎天："重思中国反就业歧视法的当代兴起"，载《中外法学》2012年第3期。
[3] 李雄、刘山川："我国制定《反就业歧视法》的若干问题研究"，载《清华法学》2010年第5期。

基于就业歧视的本质属性以及司法救济的局限性，我国反就业歧视法行政实施机制应当公私兼顾，行政机关应当同时承担两个主要职责：一是对就业歧视行为进行监督检查，通过行政执法维护社会公共利益；二是行政介入就业歧视争议，通过行政调解或行政裁决实现平等就业权。

2. 我国反就业歧视法应当采用一元化的行政主管机关加内设专业机构实施机制

第一，我国反就业歧视法不宜构建二元化的行政实施机制，而应采用一元化的行政实施机制。二元化模式实际上创设了一个与劳动争议仲裁委员会相似的平等机会委员会，一方面导致需要按照行政区划新设独立的行政机构，增加人员编制，另一方面割裂了行政介入和行政执法两个职责，产生两个难以协调的问题：一是平等机会委员会的行政裁决权与劳动行政主管机关的监督处罚权限如何协调？二是平等机会委员会的行政裁决权与法院的司法权如何协调？我国应借鉴国外经验，采用一元化的行政实施机制，这样有利于法律的统一实施，同时也不会造成行政机构和人员冗杂。

第二，我国应继续由劳动保障行政机关负责实施，而不宜再创设新的行政机构。《劳动法》第85条授权劳动行政部门查处一切劳动违法行为，可以要求用人单位停止违法并改正。《就业促进法》第6条规定，劳动行政部门负责促进就业工作。2007年《就业服务与就业管理规定》将用人单位强行检查乙肝、职业中介机构发布歧视性就业信息的行为纳入劳动监察。因此，《劳动法》《就业促进法》《劳动监察条例》等法律法规应当规定就业歧视的民事、行政等法律责任，明确劳动行政部门对于反就业歧视法律制度的实施权限。

第三，为解决就业歧视的专业化问题，可以在劳动行政部门内设就业歧视评议委员会，由其负责认定是否属于就业歧视。如果是私人提起的，则由其与用人单位作为控辩双方在就业歧视评议委员会提出主张和证据。如果是劳动行政部门的监察人员主动发现调查或经由举报而进行调查的，则调查人员和涉嫌歧视的用人单位作为控辩双方提出主张和证据，最后由就业歧视评议委员会作出认定，其认定结论作为行政处罚的依据。另外，可以在中央层面设立反就业歧视委员会，就像反垄断法委员会一样作为指导性机构，而不是执法机关，专司研究、调研、向国家提出报告和立法建议等职责。

三、行政介入如何维护私益：公私合作的行政裁决

（一）我国反就业歧视法应建立公私合作的行政裁决制度

行政介入采用行政调解还是行政裁决？如前所述，在目前世界各国或地区反就业歧视法制度实践中，这两种行政介入形式都存在，美国、德国、英国、我国香港特别行政区等国家或地区的反就业歧视法采用行政调解模式，加拿大、荷兰等国家或地区的反就业歧视法采用行政裁决模式。我国学界也存在着行政调解和行政裁决两种观点，周伟教授和周洪宇教授主张采用行政调解制度，[1]蔡定剑教授主张采用行政裁决制度。[2]我们认为，我国反就业歧视法应建立公私合作的行政裁决制度。

第一，行政裁决在我国已经是一种较为成熟的法律制度。我国各类法律中存在较多的行政裁决制度，我们可以将这种制度移植到反就业歧视法律制度当中。

第二，行政裁决实行公私合作，申诉人和被申诉人作为控辩双方提出自己的主张和证据，由行政机构居中裁决，一旦认定构成就业歧视，该认定结论应作为行政处罚的依据。这样可以充分发挥公私合作的良好效果，有助于彻底化解就业歧视纠纷。

第三，行政裁决可以设置行政调解前置，发挥行政调解的安抚说服功能。美国学者 Marcia L. McCormick 反思美国平等就业机会委员会的行政调解制度，认为实践中平等就业机会委员会所采用的安抚说服及调解措施并不能很好地发挥作用，没有使公共伤害得到补偿。他建议建立一个符合公共性要求的机构，职能包括事实调查、签发事实认定书、裁决歧视争议，以消除反就业歧视法中的实施障碍。[3]

---

[1] 参见周伟：《反歧视法研究：立法、理论与案例》，法律出版社 2008 年版，第 143 页；周洪宇：" 《反就业与职业歧视法》立法构想及建议稿"，载《武汉商业服务学院学报》2006 年第 2 期。

[2] 参见中国政法大学宪政研究所："反就业歧视法专家建议稿"，载蔡定剑、刘小楠主编：《反就业歧视法专家建议稿及海外经验》，社会科学文献出版社 2010 年版，第 20 页。

[3] Marcia L. McCormick, *The truth is out there: revamping federal antidiscrimination enforcement for the twenty-first century*, Berkeley J. Emp. &Lab. L., Volume 30, 2009: 193.

(二) 行政裁决应实行选择主义

蔡定剑教授主张行政裁决前置主义,当事人对行政裁决不服的,可以自收到裁决书之日起15日内向人民法院提起诉讼,逾期不起诉的,裁决书发生法律效力。[1] 周伟教授、周洪宇教授主张行政申诉选择主义,当事人可以向行政机关申诉或者向人民法院起诉。[2] 笔者认为,鉴于行政实施机制设定目的的公私兼顾,行政裁决应当采用选择主义,由当事人自己选择。这种模式一方面也没有限制司法权对此类案件的管辖,体现了行政权与司法权的分工合作;另一方面赋予当事人选择权,能够适应不同的情况,由当事人根据自身情况进行判断。

(三) 应建立行政裁决司法审查制度

关于行政裁决的法律效力,目前各国或地区制度实践有以下几种做法:第一种是认定行政裁决具有法律效力,如果当事人不服或者不履行裁决,则向法院请求司法审查。美国国家劳动关系委员会对于不公平劳工行为的行政裁决采用这种做法。一旦国家劳动关系委员会作出裁决,当事人可以向联邦上诉法院请求司法审查。同样的,如果当事人不履行裁决,劳动关系委员会可以请求联邦上诉法院执行。这两者都属于司法审查,在此过程中,国家劳动关系委员会关于事实的调查结果如果有实质证据支持,则是结论性的。第二种是认定行政裁决没有法律拘束力,如果当事人不服则向法院提起民事诉讼。荷兰平等待遇委员会采用这种做法。这一做法类似于我国的劳动争议仲裁,对于裁决不服的话,当事人只能提起民事诉讼。第三种是认定行政裁决具有法律效力,如果当事人不服,则向法院提起行政诉讼。

笔者认为,应建立行政裁决司法审查制度。首先,应当确立行政裁决的法律效力,这是行政行为公定力的体现。如果逾期不起诉,则自动生效,无论是反就业歧视法行政机构还是当事人,都可以申请法院强制执行。其次,如果对行政裁决不服,应当提起行政诉讼。如果行政裁决中反就业歧视行政

---

[1] 参见中国政法大学宪政研究所:"反就业歧视法专家建议稿",载蔡定剑、刘小楠主编:《反就业歧视法专家建议稿及海外经验》,社会科学文献出版社2010年版,第20页。

[2] 参见周伟:《反歧视法研究:立法、理论与案例》,法律出版社2008年版,第145页;周洪宇:"《反就业与职业歧视法》立法构想及建议稿",载《武汉商业服务学院学报》2006年第2期。

机构关于事实的调查结果有实质证据的支持，则是终局性的，可以得到法院的支持。再次，赋予法院司法变更权。基于行政裁决通过行政诉讼方式解决而出现的"官了民不了"的问题，很多学者提出了在行政诉讼中赋予法院司法变更权。[1]

四、行政如何维护公益：公共实施机制还是扩展私人补充机制

（一）我国反就业歧视法应当设置罚款等行政责任

行政如何维护社会公共利益？目前主要有三种观点：第一种观点认为，反就业歧视法律制度属于社会立法，本身带有一定的"软法"特点，其贯彻执行主要不应当依靠国家的强制执行，而应大力加强对各类用人主体和社会公众的宣传教育，在全社会建立起一种执法的软环境，从而保证劳动者一旦受到歧视对待就会积极投诉，维护自己的合法权益。用人主体一旦采取歧视政策就会受到社会舆论的批评与抵制，其商业信誉也可能受到损害。只有通过这两方面的结合，才能有效地推动反就业歧视法律制度的贯彻实施。[2]第二种观点认为，反就业歧视法应当设置责令限期改正、向新闻媒体通报或者在工作刊物中予以公开公布等责任形式。[3]第三种观点认为，除了责令期限改正、警告之外，还要设置罚款等行政处罚。[4]

笔者认为，在当前就业歧视比较严重的情况下，就业歧视关乎社会公共利益，反就业歧视法不能成为软法，应当设置罚款等行政责任，赋予劳动保障行政机关执法权限，规定立案、调查、认定、处罚等实施程序与步骤，对违法者进行处罚，切实发挥行政惩戒功能。关于行政责任形式，我国台湾地区的相关反就业歧视规定可以提供借鉴意义。我国台湾地区"就业服务法"

---

[1] 参见谢卫华："论赋予法院对行政裁决司法变更权的必要性"，载《行政法学研究》2003年第3期；周佑勇、尹建国："我国行政裁决制度的改革和完善"，载《上海政法学院学报》2006年第5期。

[2] 周长征："欧盟反就业歧视法律制度"，李薇薇译，载李薇薇、Lisa Stearns主编：《禁止就业歧视：国际标准和国内实践》，法律出版社2006年版，第215页。

[3] 周伟：《反歧视法研究：立法、理论与案例》，法律出版社2008年版，第145页。

[4] 参见中国政法大学宪政研究所："反就业歧视法专家建议稿"，载蔡定剑、刘小楠主编：《反就业歧视法专家建议稿及海外经验》，社会科学文献出版社2010年版，第21页；阎天："重思中国反就业歧视法的当代兴起"，载《中外法学》2012年第3期。

第65条对就业歧视规定了罚则,处新台币30万元以上150万元以下罚款。"性别工作平等法"第38条之一规定,对违法的性别歧视,处新台币10万以上50万元以下罚款。"劳动基准法"第79条规定,雇主违反男女同工同酬的规定,将被处2万元以上30万元以下罚款。[1]

(二) 拓展公共利益的实现机制

社会公共利益既可以通过传统的行政执法机制得以实现,也可以通过支持起诉、以自己的名义代表受害人起诉等新型的公共实施机制来实现,还可以通过惩罚性赔偿制度、公益诉讼、补偿律师费和调查费用等私人机制予以实现。我国反就业歧视法是否需要扩展公共利益的代表机制,将私人机制作为公共利益实现的补充机制?对此,笔者认为需要拓展公共利益的实现途径,通过公私合作共同维护社会公共利益。

第一,在设置行政责任的前提下,需要限制惩罚性赔偿的适用。例如在美国,反就业歧视法没有规定行政责任,行政机关不能对违法行为人予以查处并给予行政处罚。因此,对于就业歧视纠纷中涉及的公共利益的维护,更多的是通过私人机制来维护,美国反就业歧视法中对于故意的歧视行为设置惩罚性赔偿责任制度,其目的在于通过民事诉讼对违法行为人进行惩罚,鼓励受害人提起诉讼,在维护自身利益的同时也维护社会公共利益。同时也规定平等就业机会委员会可以代表受害人起诉,这些都是维护公益的具体途径。在我国,行政罚款与惩罚性赔偿制度都具有维护社会公共利益的功能,考虑到有导致惩罚过度的潜在可能,在设置行政责任的前提下,要限制惩罚性赔偿的适用,仅限于主观恶意程度高的就业歧视行为。

第二,拓展公共利益的实现途径,鼓励私人提起就业歧视诉讼。建立胜诉后由被告支付合理的律师费和调查费的制度,以增加违法成本,鼓励私人提起诉讼,激励律师代理赔偿数额不大的就业歧视案件,遏制就业歧视行为。合理的律师费和调查费制度使得原告及其代理律师在原告胜诉的情形下不用

---

[1] 台湾劳动法学会编:《劳资圣经:经典劳动六法》,新学林出版股份有限公司2012年版,第34页、第158页、第745页。

担心这些费用的来源,从而使个人也通过扮演"私人检察官"的角色来消除就业歧视,维护社会公共利益。[1]

第三,拓展公共利益的实现途径,建立团体公益诉讼制度。[2]赋予依法维护弱势群体利益的社会团体以诉权资格地位,它们可以提起停止侵害诉讼,但是这种团体公益诉讼应当实行诉前前置机制,社会团体在提起就业歧视公益诉讼前应当先向行政执法机关投诉,行政执法机关在法定的时限内不予处理或者怠于处理,社会团体方可以自己的名义向法院提起停止侵害的就业歧视公益诉讼。

第四,通过公私合作共同维护社会公共利益。行政裁决的结论可以作为行政处罚的依据,行政处罚的结果同样也可以作为法院审理就业歧视案件的初步证据。我国反就业歧视法可以规定,如果当事人提起的行政申诉被裁决违法,劳动行政部门应当给予行政处罚。只要有实质性证据的支持,行政机关对于就业歧视事实的认定就应当得到法院的尊重。

五、结论:构建公私兼顾、公私合作的行政实施机制

我国应当构建公私兼顾、公私合作的反就业歧视法行政实施机制,以破解实施困局,有效治理就业歧视,保障平等就业权。我国反就业歧视法行政实施机制应当公私兼顾,通过行政执法以维护社会公共利益,通过行政介入以实现平等就业权。法律应当明确劳动保障行政机关对于反就业歧视法的实施权限,规定就业歧视行为的行政责任和民事责任,并将就业歧视行为纳入到《劳动保障监察条例》中的监察范围。为处理就业歧视私权争议,解决就业歧视的专业化问题,劳动保障行政机关应当内设就业歧视评议委员会,由其负责处理就业歧视私人申诉,认定是否属于就业歧视,并进行行政裁决。

我国反就业歧视法行政实施机制应当实行公私合作。建立公私合作的行

---

[1] Mark A. Rothstein, Charles B. Craver, Elinor P. Schroeder, Elaine W. Shoben, *Employment law*. West, 2005. p. 267.

[2] 赵红梅教授认为团体公益诉讼属于社会实施机制,参见赵红梅:"经济法的私人实施与社会实施",载《中国法学》2014年第1期。目前国内学者研究团体公益诉讼已经有一些著作出版,参见刘学在:《民事公益诉讼制度研究——以团体诉讼制度的构建为中心》,中国政法大学出版社2015年版;吴泽勇:《欧洲群体诉讼研究——以德国法为中心》,北京大学出版社2015年版。

政裁决制度，由申诉人和被申诉人作为控辩双方提出自己的主张和证据，并由行政机构居中裁决。一旦认定构成就业歧视，该认定结论应作为行政处罚的依据。行政裁决实行选择主义，当事人可以自主选择采用司法诉讼还是行政裁决。拓展公共利益的实现途径，通过公私合作共同维护社会公共利益，建立胜诉后由被告支付必要的律师费和调查费制度，建立团体公益诉讼制度。

第4章

我国反就业歧视法司法实施机制完善研究

第一节 案例梳理、类型化分析及待解问题

一、就业歧视案例梳理

我国《劳动法》第3条、《就业促进法》第3条确立了劳动者的平等就业权，《就业促进法》第62条、第68条规定了平等就业权的民事诉讼实施机制，受到就业歧视的劳动者可以向法院起诉，造成财产损失或者其他损害的，劳动者可以要求用人单位承担民事责任。经过十几年来的司法实践，我国反就业歧视民事诉讼实施机制成效显著，法院审理了较多的就业歧视案件，相关制度建设取得了较大的进展，但问题仍然较为明显。2018年12月最高人民法院发布法〔2018〕344号文，该文修改了《民事案件案由规定》，在"一般人格权纠纷"项下增加"平等就业权纠纷"。这个规定将平等就业权纠纷确定为一般人格权纠纷项下的独立案由，暂时缓解了长期笼罩在反就业歧视法律制度上空的名分问题，借名诉讼的时代将一去不返，真正意义上的平等就业权诉讼由此开启。因此，我们需要总结反就业歧视民事诉讼的司法实践，分析其中存在的问题，并进行理论解析，解决实践中存在的问题，完善相关立法，推动我国反就业歧视法治建设。基于这一目的，笔者在中国裁判文书网和北大法宝案例库以"就业歧视"为关键词收集并查阅了所有的反就业歧视民事诉讼案例，并辅之其他案例检索途径，总共收集了100多个法院案例，经过类型化分析归纳整理出下图表中的17例较为典型的案例，从中提出问题，进行理论解析，并提出完善相关立法的建议。

序号/案件字号	案由	诉讼请求	基本案情	裁判理由	判决结果
1 (2010)深中法民六初字第1032号	劳动争议纠纷	订立劳动合同，并赔偿经济损失47 520元。	原告肖某辉到被告环胜公司应聘，通过了笔试、面试，工作岗位达成一致意见。2008年3月14日，原告到被告指定的医院体检，体检结论为：肖某辉是乙肝病毒携带者。肖某辉与环胜公司未签订劳动合同。	劳动仲裁不予受理。一审法院认为，肖某辉提交的证据不足以证明环胜公司有歧视乙肝病毒携带者的行为。二审法院深圳市中级人民法院认为，该公司因肖某辉是乙肝病毒携带者而拒绝与之签订劳动合同有过错，应酌情赔偿经济损失。	赔偿经济损失5000元，驳回其他诉讼请求。
2 (2014)安民一初字第331号	劳动争议转为一般人格权纠纷	确认构成就业歧视；签订聘用合同；赔礼道歉；赔偿经济损失10万元；承担诉讼费用。	2013年11月湖南省农村信用社发布招聘公告，原告宁某某报考被告单位，原告综合成绩第一，后被告以原告身高没有达到公告要求的157厘米为由，要求原告退出竞聘。	劳动仲裁审理认为属于一般人格权纠纷。用人单位列明的招聘限制条件不违反法律强制性和禁止性规定，本案用人单位在招聘公告上无法律公布公告个性化条件时，原告尚未出现，被告对原告一般人格权形成侵权的时间上无故意，不存在过错。	驳回原告诉讼请求。
3 (2015)镇经民初字第00061号	劳动争议转为一般人格权侵权纠纷	确认侵犯平等就业权；书面赔礼道歉；赔偿误工损失、精神损害抚慰金等共计12万元；承担诉讼费用。	原告王某于2014年12月18日到被告江苏航科复合材料科技有限公司面试，之后原告经该公司人力资源部通知被录用，并收到盖有被告公章的体检介绍函。原告的体检结果为乙肝病毒携带者，被告不予录用。	劳动仲裁不予受理。法院认为属于一般人格权纠纷。原告的体检报告虽显示原告为乙肝病毒携带者，但原告提供的证据尚不足以证明被告以乙肝病毒携带者为由拒绝录用原告，被告并未侵犯原告的平等就业权。	驳回原告诉讼请求。

续表

序号/案件字号	案由	诉讼请求	基本案情	裁判理由	判决结果
4 (2014) 深中法民终字第1017号	一般人格权纠纷	赔偿误工损失、交通费、学历学位认证及其他杂费，共计经济损失25 410元。	衣某峰应聘中兴通讯股份有限公司的岗位，2013年11月8日，中兴通讯股份有限公司通过电子邮件方式发送《录用通知书》，承诺录用衣某峰，并通知其参加入职体检并于11月22日办理入职手续。衣某峰办理入职手续时，公司拒绝录用，原因是其患得了"肺纤维化病灶"。	中兴通讯股份有限公司没有在招聘时告知衣某峰患有"肺纤维化病灶"不符合入职条件，在其报到入职时以患有"肺纤维化病灶"拒绝录用，属于就业歧视，侵犯了平等就业权。	支付衣某峰经济损失共计7880元。
5 (2015) 浙杭民终字第101号	一般人格权纠纷	书面赔礼道歉；赔偿精神损害抚慰金5万元。	东方烹饪学校在网上发布招聘文案策划职位的信息，性别要求为男性；2014年6月，郭某在网上向东方烹饪学校投递了个人简历，郭某就招聘事宜打电话咨询，东方烹饪学校以加班等理由回复不予反馈，东方考虑女生，想招男生。	东方烹饪学校并未举证证明招聘岗位属于法律、法规所规定的女职工禁忌从事的工作。根据其发布的招聘要求，女性完全可以胜任该岗位工作，其所辩称的需招录男性的理由与法律不符。其行为侵犯了郭某平等就业的权利，对郭某实施了就业歧视。	赔偿精神损害抚慰金2000元，驳回其他诉讼请求。
6 (2015) 长中民一终字第02636号	隐私权纠纷	支付精神损害抚慰金；赔礼道歉。	2015年2月，陈某敏应聘航天普工岗位，为液压机操作；当天，医院出具的体检报告书显示，陈某敏患有高血压1级，航天公司以陈某敏患有高血压为由，不予录用。	普工岗位说明书中明确载明禁止高血压等体检异常人员任职该岗位，航天公司以陈某敏不符合岗位要求为由不予录用，并未侵犯其平等就业的权利；目的是了解其身体状况是否符合岗位要求，并未将其体检结果对外披露，未侵犯其隐私权，也未侵犯其人格尊严。	驳回陈某敏的诉讼请求。

续表

序号/案件字号	案由	诉讼请求	基本案情	裁判理由	判决结果
7 (2012)碑民二初字第01098号	名誉权纠纷	确认人格歧视违法行为，赔偿经济损失5000元，精神损害抚慰金3万元；承担诉讼费用。	2010年11月原告邢某与学锋学校及被告公司签订了三方就业协议，2011年7月原告因被告公司报到。因原告任聘岗位为野外勘测，被告组织原告被入进行全面体检。原告被体检为"大三阳"，后诊断为"慢性乙肝病毒携带"。经过协商，原告本人同意解除三方就业协议。	被告是否构成名誉侵权，应当根据名誉被损害的事实、行为人行为违法、违法行为与损害后果之间有因果关系、行为人主观上有过错来认定。被告根据国家相关规定和制度，该体检安排工作并无违法。被告不存在侮辱或者诽谤原告的口头语言形式，也无歧视性语言。	驳回原告诉讼请求。
8 (2011)深宝法民一初字第2828号	人格权纠纷	确认侵犯隐私权，确认侵犯平等就业权；书面道歉；赔偿工资经济损失；赔偿精神损害抚慰费用。	2010年6月10日，原告谌某入职被告公司，任职汽车维修师傅。6月13日谌某进行入职体检，其中包含了对乙肝病毒血清指标的检验。谌某携带乙肝抗原携带者。2010年6月23日公司通知谌某解除劳动关系。	谌某提交的录音资料证明解除劳动关系的原因是谌某经检是乙肝病毒携带者。法院认定公司因乙肝病毒实施就业歧视而解除与谌某不属于一般劳动关系。工资请求，应当通过劳动争议途径予以解决，本案不予处理。	判决支付精神损害抚慰金4000元；赔礼道歉；驳回其他诉讼请求。
9 (2013)海民初字第19875号	一般人格权纠纷	赔礼道歉；赔偿经济损失22500元，精神损害抚慰金10万元。	李某为视力一级残疾。2012年10月11日，李某与中网在线签订了《劳动合同书》工作，在试用期内李某辞职，手写中网在线提交辞职申请表，注明因视力残疾，由于中视力原因结束与公司合作，公司出具"离职证明"。	侵害平等就业损害赔偿责任，必须同时满足以下要件：一是实施侵害平等就业权的违法行为；二是平等就业权受到损害；三是主观上存在过错；四是违法性行为与损害之间存在因果关系。本案中李某离职，其主张平等就业权受损，缺乏事实基础与法律依据。	驳回全部诉讼请求。

续表

序号/案件字号	案由	诉讼请求	基本案情	裁判理由	判决结果
10 (2012)北民初字第1899号	劳动争议纠纷	公开赔礼道歉；赔偿精神损害抚慰金；赔偿工资损失；承担诉讼费用。	原告胡某超与被告唐山怡安生物工程有限公司签订了3年期劳动合同和《岗位职责说明书》，该说明书中要求：健康、无传染病和皮肤病，能够从事疫苗生产。2011年6月3日，原告体检结果显示乙肝阴性。2011年6月16日，被告以试用期不符合录用条件为由解除劳动合同。	原告在试用期间体检不符合岗位职责说明书约定，被告依据《劳动合同法》第39条第1项规定，解除与原告的劳动关系，合法有效。	驳回诉讼请求。
11 (2014)黄浦民一(民)初字第4034号	劳动合同纠纷	恢复劳动关系。	原告王某于2012年9月17日与被告上海朗阁培训中心签订2年期劳动合同，担任全职雅思英语老师。2014年2月原告身体检查时断怀孕。被告公司获知后，于2014年4月8日以原告虚报个人资料为由解除劳动合同。	婚姻、生育状况通常与劳动合同的履行没有必然的关系，属于个人隐私。原告因担心就业压力而虚报个人生育状况不构成欺诈，被告构成违法解除。	恢复劳动关系。
12 (2010)穗中法民一终字第4208号	劳动争议纠纷	支付违法解除的赔偿金。	被上诉人陈某云与上诉人鹤山公司于2008年6月14日签订《鹤山市劳动合同》，2008年12月8日上诉人以陈某入职时隐瞒已婚身份而作出解除劳动关系的处理。	被上诉人隐瞒了其已婚的行为虽然违反了"诚实信用"原则，但并没有影响被上诉人的正常用工，且上诉人怀孕生子是其享有的权利，被上诉人称聘用已婚女性会影响用工计划，显然存在性别歧视和违反用工平等原则，故被上诉人构成违法解除。	维持原审判决中的支付赔偿金。

续表

序号/案件字号	案由	诉讼请求	基本案情	裁判理由	判决结果
13 (2010)金民三(民)初字第1563号	劳动合同纠纷	不支付违法解除劳动合同赔偿金；不支付加班工资；不支付2倍工资差额。	原告上海某清洗系统工程有限公司与被告肖某签订自2008年4月15日至2010年4月14日止的上岗协议，约定由被告从事保洁工作。2009年11月23日医院检验报告单显示被告携带乙肝表面抗原，原告同年12月30日，为被告办理退工。	被告检查出携带乙肝表面抗原，但其并不直接接触药品生产，并不属于行政法规和卫生部规定禁止从事的易使乙肝扩散的工作，故不应当存在就业歧视。鉴于被告的身体原因，原告应当与被告协商解决，或为被告另行安排工作，或给予被告相应的医疗期。原告未举证证明其已经尽相关义务，构成违法解除。	支付违法解除赔偿金、2倍工资差额、加班工资。
14 (2011)穗中法民一终字第3174号	劳动合同纠纷	赔偿工资差额；赔偿精神损失；承担书面道歉诉讼费用。	原告蔡某鹏是残疾人，2009年12月18日入职被告沃尔玛尔公司，双方签订了劳动合同，蔡某鹏在营运部门担任员工。蔡某鹏以工资存在差异、同工不同酬为由要求赔偿工资损失和精神损失。	同工同酬必须具备三个条件：一是同一工作岗位、工作内容相同；二是取得了相同的劳动工作量、工作业绩。蔡某鹏与其他员工在工作职责、工作内容方面均有所不同。一审法院认为蔡某鹏主张沃尔玛公司歧视残疾人致蔡某鹏尊严受损，但未能提供相关证据证实。二审法院认为，关于蔡某鹏要求沃尔玛公司赔偿精神损失及书面道歉的诉讼请求，属于人格权法律关系，不属于劳动争议案件处理范畴，本案不予处理。	驳回上诉，维持原判。

续表

序号/案件字号	案由	诉讼请求	基本案情	裁判理由	判决结果
15 (2012) 丰民初字第388号	劳动争议纠纷	支付违法解除赔偿金；代通知金；未签订劳动合同双倍工资；病假工资；医疗补助费；工资收入损失、补缴养老保险金；赔偿医疗保险待遇损失、失业保险待遇损失；精神损害赔偿金。	原告车某与被告唐山新宝泰钢铁有限公司签订了自2006年9月1日至2007年8月31日的劳动合同。合同期满后，双方又签订了2008年1月1日至2009年12月31日的劳动合同。合同再次期满后，原告仍继续在被告公司处工作，但双方一直未续签劳动合同。2010年12月20日，原告因患肝炎肝硬化乙型失代偿期活动性，被告以原告不能胜任本职工作为由，于2011年7月5日将原告辞退。	原告医疗期满后，虽然不能从事原工作，但被告公司未给原告另行安排工作，便将原告辞退，被告公司的行为属于违反《劳动合同法》的规定解除劳动合同的情形。原告要求被告公司赔偿因违法歧视解除劳动合同造成的精神损害赔偿5000元，没有事实和法律依据，本院不予支持。	给付赔偿金、病假工资、双倍工资，共计68 242.32元，驳回其他诉讼请求。
16 (2011) 穗中法民一终字第4942号	劳动争议纠纷	支付未签订劳动合同的赔偿金；违法解除劳动关系的赔偿金；加班费；就业歧视赔偿金。	2010年8月16日，上诉人沈某入职上诉人广东绿由环保科技股份有限公司。2010年10月28日被上诉人发出《解除劳动合同通知书》，以沈某管理理念和工作经验与公司实际管理不融合，且在广州方言上沟通不通畅，不能满足公司要求为由，决定从2010年11月28日起解除劳动合同。	广东绿由环保科技股份有限公司并无证据证明沈某不胜任工作后进行了相应的培训或调整工作岗位，属于违法的解除劳动合同。关于沈某是否存在就业歧视的问题，一审法院认为，无证据证实存在就业歧视，沈某身经营方言上沟通不畅，二审法院认为，法律并不禁止用人单位根据自身经营的特点，对某些特定岗位设置相应的用工条件。	驳回上诉，维持原判。

续表

序号/案件字号	案由	诉讼请求	基本案情	裁判理由	判决结果
17 （2010）锡民终字第1174号	劳动争议纠纷	支付误工费；精神损失费；违法解除劳动合同的赔偿金；赔礼道歉。	2009年4月15日原告钟某可到被告微密公司并签订了一份英文协议。5月17日进行体检时，原告担心自己因乙肝而被单位拒收，故找人冒名顶替，被识别后与医务人员发生冲突。5月18日被告通知不录用原告。	法院确认解除劳动关系的原因系原体检时与卫生院发生冲突，做事过于冲动所致。原告没有证据证明解除劳动合同的真实原因是其为乙肝病携带者。	驳回原告诉讼请求。

二、就业歧视纠纷类型化分析

(一) 招录阶段的就业歧视纠纷

案例1～7都是在招录阶段发生的就业歧视争议。按照案件的性质，这些争议可以分为三种类型：第一类是基于劳动争议提出的就业歧视纠纷，如案例1中法院基于缔约过失而判决被告赔偿原告的经济损失；第二类是基于劳动争议提起但被法院认定为侵权争议的就业歧视纠纷，如案例2、案例3都是在法院由劳动争议案件转为人格权侵权纠纷；第三类是基于人格侵权纠纷提出的就业歧视争议，如案例4、案例5、案例6、案例7。按照人格侵权提出的就业歧视纠纷具体又可以分为三种：第一种是一般人格权纠纷，如案例4、案例5，实践中大部分招录阶段的就业歧视争议是基于一般人格权争议而提出的；第二种是隐私权纠纷，如案例6；第三种是名誉权纠纷，如案例7。

(二) 劳动合同阶段的就业歧视纠纷

案例8～17都是劳动合同阶段的就业歧视纠纷。劳动合同阶段的就业歧视纠纷可以分为四种类型：第一类是以侵害人格权为案由提起的普通侵权民事诉讼，例如案例8和案例9。案例8中原告除了主张侵害人格权的精神损害赔偿外，还主张赔偿工资损失等经济损失。法院认为，工资请求应当通过劳动争议予以解决，与本案不属于同一法律关系而不予处理。第二类是以劳动争议为案由提出侵犯平等就业权的请求，如案例10中原告通过劳动争议提出侵权主张，劳动仲裁裁定不予受理，法院以劳动争议案件进行审理，对包括工资在内等各项损失都进行了审查。第三类是以劳动合同纠纷为案由提出违法解除或者同工同酬请求，如案例11中请求违法解除劳动合同的继续履行，案例12、案例13中请求违法解除劳动合同的支付赔偿金。第四类是以劳动合同纠纷为案由提出双重请求，既主张违法解除或者同工同酬，又主张侵犯平等就业权，如案例14、案例15、案例16、案例17。第四种类型又可以具体分为两种：一种是法院基于案件劳动争议性质而对侵权请求不予处理，如案例14中二审法院认为，一审原告要求赔偿精神损失及书面道歉的诉讼请求，属于侵权法律关系，不属于劳动争议案件处理范畴，本案不予处理；另一种是法院对违约请求和侵权请求同时进行了审理，分别进行认定。案例15在认定违法解除后,法院对是否构成就业歧视也进行了审查,法院认为原告要求被告公司赔偿因就业歧视违法解除劳动合同造成的精神损害赔偿金5000元,没有事实和法律依据,本院不予支持。案例16、案例17也对是否构成违法解除、是否构成就业歧视分别进行了审查。

三、待解问题

(一)就业歧视纠纷的法律性质是什么

就业歧视纠纷既有基于劳动争议案由提起,又有基于人格侵权提起,还有先以劳动争议提起后转为侵权纠纷加以审理的案件。其中劳动争议纠纷案件又分为缔约过失纠纷(案例1)、同工同酬纠纷(案例14)、违法解除纠纷(案例15~17),人格侵权纠纷又分为一般人格权纠纷、隐私权纠纷和名誉权纠纷。实践中就业歧视的案由多样,无论是劳动者还是法院,对于就业歧视争议性质的认定都存在不同的认识,案例2、案例3中法院最后是改变纠纷性质类型而以人格权纠纷进行裁判的。因此,必须要明确就业歧视的性质,其究竟属于劳动合同纠纷、人格权纠纷还是独立的纠纷类型?

(二)就业歧视构成侵权如何证明

目前侵权领域的就业歧视纠纷都是按照侵权责任法中"谁主张谁举证"的证据规则,由原告承担举证责任,证明就业歧视行为符合侵权行为的构成要件,因而胜诉率很低。而在违法解雇诉讼中,因我国实行严格的解雇保护制度,用人单位解雇员工必须符合法定的条件,由用人单位举证证明其解雇行为符合法定的条件,如果用人单位举证不能,则承担败诉的风险。因而,劳动者在违法解雇纠纷中的胜诉率较高,在某种意义上替代性地起到反就业歧视的效果。但是这种间接的促进作用毕竟不是反就业歧视制度本身所发挥出来的。反就业歧视法应当通过制度完善,实行合理的举证责任分配制度和抗辩事由,更好地保护就业歧视受害者的合法权益。

(三)法律责任怎样承担

平等就业权的人格侵权模式主要以精神损害赔偿为诉求,法院判决的金额往往只有几千元。财产赔偿方面仅限于实际经济损失,就业机会的期待利益损失并没有纳入赔偿的范围中,未能反映出就业歧视的法益结构,从而导致理性的个体不愿意起诉，反就业歧视法律可能成为沉睡性条款。在案例1、案例2中劳动者都提出了强制缔约请求，但目前法院基本上都没有支持强制缔约。强制缔约未来能否成为一项独立的法律责任类型？就业机会能否纳入到赔偿范围？损害赔偿实行补偿、法定、还是惩罚制呢？

（四）就业歧视侵权责任与劳动合同责任的竞合

就业歧视侵权责任与劳动合同责任的竞合属于法条竞合、请求权竞合还是请求权聚合？案例14～17都涉及就业歧视侵权责任与劳动合同责任的竞合，当用人单位同一就业歧视行为同时符合就业歧视侵权责任和劳动合同责任两个构成要件时，这属于法条竞合、请求权竞合还是请求权聚合？当事人能否在同一诉讼中同时请求这两种法律责任？当事人能否获得双重赔付？

第二节 就业歧视纠纷的法律性质

一、我国当前制度实践及其问题分析

（一）我国当前制度实践

当前司法救济现状是人格侵权争议案件和劳动争议案件双轨并行。在"平等就业权纠纷"被最高人民法院确立为"一般人格权纠纷"下的独立案由后，这种诉讼案由双轨并行的运行机制也不会有所改变。

（二）问题分析

我国当前人格侵权和劳动争议双轨并行的现状无法使反就业歧视法律制度得到良好实施。首先，无论是以人格侵权还是劳动争议的名义，这些诉讼在严格意义上都不是真正的就业歧视诉讼。因为这些诉讼不是以就业歧视的名义提起，没有按照就业歧视的构成要件和举证责任予以认定，尚未体现反就业歧视法的法律责任制度。其次，两者的割裂无法使就业歧视受害者得到完整的利益保护。就业歧视是一个综合性的既包含精神损害又包含物质损害的纠纷类型，现行的人格侵权和劳动争议都侧重于保护其中某一方面的法益，人格侵权侧重于保护劳动者的人身利益，劳动争议侧重于保护劳动者的物质

利益。正如前面典型案例所反映出来的,如果单纯提起侵权之诉,则工资损失、要求录用或者复职等内容因属于劳动争议需要另行起诉。如果单纯提起劳动争议,则精神损害赔偿因属于侵权请求而不予审查。因此,我们需要在理论上明确反就业歧视法的性质,在立法上确立其保护法益,从而使就业歧视纠纷能够以合适的途径进入诉讼程序。

二、反就业歧视法的性质

(一) 反就业歧视法属于以保护他人利益为目的的行为法

毫无疑问,就业歧视侵犯了劳动者的平等就业权。平等就业权虽然以权利命名,但其不同于传统民法中的诸如人身权、财产权、知识产权这些法定权利类型,其实质上属于一种法益。反就业歧视法实质上属于行为法,而不是财产法,反就业歧视法既没有授权性规范设定法定权利的类型,也无法定的公示制度宣示具体的权利样态和确切内容,更没有社会交互性异议机制,使相关利益人能够参与到对抗性的权利论证之中。由此,反就业歧视法对某种利益提供保护,并不意味着其就某种利益设定了法定的权利。反就业歧视法作为行为法,按照义务规则的逻辑,采取一种消极的、防御式的方式,通过划定他人的不作为义务,来界定利益受保护之人免于受侵犯的"权利"空间。在很大程度上,其保护的法益是通过明确他人负有消极不作为的义务来加以投射和彰显的。法益保护的关键不在于"行",而在于"禁"。[1]权利和法益的法律属性不同,通常认为,权利兼具积极行使和消极禁止两方面,法益则只有消极禁止。[2]反就业歧视法所保护的法益,无法积极行使,只能消极防卫。当前法学界已经有学者认识到反就业歧视法的法益保护属性,将平等就业权定为一种抽象的、概括的、原则性的法益而非具体的权利。[3]由此可知,反就业歧视法属于以保护他人利益为目的的行为法。

---

[1] 谢晓尧:《在经验与制度之间:不正当竞争司法案例类型化研究》,法律出版社 2010 年版,第 159 页。

[2] 芮沐:《民法法律行为理论之全部》,中国政法大学出版社 2003 年版,第 2 页。

[3] 谢根成、周颖:"论反就业歧视的民事救济权利",载《河南师范大学学报(哲学社会科学版)》2011 年第 5 期。

（二）平等就业权的法益结构是人格尊严与就业机会的两位一体

反就业歧视法保护的是人格尊严、就业机会两位一体的利益集合。平等就业权的法益结构包括两种利益：一是作为非财产性的人格尊严。人的尊严是固有的，是不可剥夺的，所有人的人格尊严都是平等的。二是均等的就业机会。歧视的本质在于它不平等地分配个人的选择机会。在现代社会，就业本身就是一种机会和资源。不管是故意的直接歧视还是非故意的间接歧视，最终都会导致社会和经济上的不平等，因为它拒绝了个人应获得物质利益的就业机会。[1] 依据宪法及相关劳动法律规定，公民皆有平等就业权，平等就业权的实质就是就业机会均等，凡是愿意工作的人，不因与劳动素质和能力无关的个人特质或社会特质而受到影响皆有同等就业的机会。20世纪中期以来的"权利扩展"更多的是以群体权利、而不是以个人权利的方式进行的。许多新权利早已超越了传统的民权，而与经济利益和工作机会的分配、个人生活的品质、个人的自由程度和个人对幸福的追求等密切联系在一起，对它们的争取实际上是对利益和资源的争取。[2]

三、发达国家或地区的制度模式

（一）劳动法院或就业法庭处理的劳动争议模式

德国、英国、法国由专门的劳动法院或就业法庭处理就业歧视争议。德国在2006年《一般平等待遇法》颁布实施之后，各级劳动法院获得了就业歧视的司法审查权，按照德国《劳动法院法》第2条的规定，各级劳动法院有权审查劳动者和雇主之间就建立劳动关系的协商及劳动关系的后续效力而发生的争议，如求职者根据《一般平等待遇法》第15条第2款诉请损害赔偿。[3] 英国根据1996年《就业法庭法》设立了专门的就业法庭和就业上诉法庭，受害人在平等及人权委员会无法获得救济时可以向就业法庭提起诉讼。就业法庭在开庭时，由1名主席和2名陪审员组成。主席必须有7年的开庭律师经验或具有法官资格，大部分是由地方法官担任。而陪审员必须有产业经历或商

---

[1] 李薇薇：《反歧视法原理》，法律出版社2012年版，第85~87页。
[2] 王希：《原则与妥协：美国宪法的精神与实践》，北京大学出版社2014年版，第26页。
[3] [德] 雷蒙德·瓦尔特曼：《德国劳动法》，沈建峰译，法律出版社2014年版，第632页。

业经历,由雇员组织或职工组织提名担任。[1]法国专门设置了劳动法院以审理劳动争议。遭受就业年龄歧视的劳动者可直接诉至法院寻求救济,劳动法院对年龄歧视案件具有专属管辖权。审理劳动纠纷时由 2 名劳动者身份的兼职法官与 2 名雇主身份的兼职法官组成合议庭进行审理,评议时无法获得多数意见的,则由普通民事法院的 1 名职业法官组织原审判庭再次进行审理。[2]

(二) 普通法院处理的民事争议模式

美国、日本、韩国、我国台湾地区等实行侵权争议模式,具体分为两种模式:一种是先行政后司法的模式。在美国,雇员如果认为其遭受非法歧视,可以向平等就业机会委员会(EEOC)提出申诉,平等就业机会委员会有权调查,并通过和解、调解等途径协商处理。如果不能协商处理,平等就业机会委员会可以自己的名义代表指控方向法院起诉。在大多数时候,平等就业机会委员会是给指控方一封可以起诉的信函,指控方可以凭该信函向法院提起诉讼。[3]二是行政司法并行模式。韩国没有设置专门的劳动法院,对于就业歧视等引发的纠纷,如果雇员需要寻求司法救济,则可以直接向普通的民事法院提起民事诉讼。[4]我国台湾地区的就业歧视诉讼实行民事侵权模式。遭受就业歧视的雇员或者求职者可以不经过行政申诉程序,直接向地方法院起诉寻求救济,请求确认雇主构成就业歧视,并给予雇员或求职者相应的损害赔偿,或要求给付薪资,恢复雇佣关系等,此类为民事案件。[5]

四、学界观点

(一) 侵权纠纷说

1. 人格侵权说

有学者认为侵犯平等就业权实际上是对公民人格尊严的侵犯,主张在

---

[1] 饶志静:"英国反就业歧视制度及实践研究",载《河北法学》2008 年第 11 期。

[2] 陶建国、高丽燕:"法国禁止就业年龄歧视之对策及权利救济",载《保定学院学报》2013 年第 6 期。

[3] Richard A. Bales, Jeffrey M. Hirsch, Paul M. Secunda, *Understanding Employment Law*, LexisNexis, 2007, p. 26.

[4] 陶建国:"韩国禁止就业年龄歧视的立法及权利救济机制分析",载《商丘师范学院学报》2008 年第 11 期。

[5] 刘小楠:《港台地区性别平等立法及案例研究》,法律出版社 2013 年版,第 51 页。

"人格权纠纷"项下新设一类案由"平等就业权纠纷"。[1]就业权是人格权的一种,通过在未来的《人格权法》中完善一般人格权和特殊人格权来实现就业歧视中人格权保护的形式正义与实质正义。[2]

2. 独立的侵权纠纷说

有学者认为,就业歧视案件的性质比较复杂,建议最高人民法院未来明确增加就业歧视纠纷为新的民事案由。一方面就业歧视具有劳动争议纠纷的特点:就业歧视发生在用人单位招用人员过程中即缔约阶段,侵犯的是劳动法规定的平等就业权,法律依据是《劳动法》《就业促进法》等劳动法律法规。另一方面,就业歧视也具有侵犯人格权纠纷的性质:就业歧视侵犯了劳动者以人格平等、人格尊严为主要内容的一般人格权,适用赔礼道歉、赔偿经济损失和赔偿精神损失等法律责任形式的法律依据是《民法通则》《侵权责任法》等民事法律。因此,简单地将就业歧视案件归入劳动争议纠纷或侵犯人格权纠纷,均不能全面反映该法律关系的本质。[3]按照行政机制与司法机制的关系划分,独立的侵权纠纷又可以分为两种:一种是行政前置的侵权纠纷。蔡定剑教授主持的《反就业歧视法专家建议稿》采用行政裁决前置主义,根据该建议稿第48条的规定,平等机会委员会的受理程序是法院受理就业歧视争议案件的前置程序,平等机会委员会的裁决与劳动争议仲裁的性质相似,都不能直接发生法律效力,当事人不服裁决的可以向法院提起民事诉讼。如果当事人在收到裁决书之日起15日内没有向法院起诉的,裁决书发生法律效力。[4]第二种是非行政前置的侵权纠纷。周伟教授的"中华人民共和国反歧视法学术建议稿"第64条规定:"公民认为用人单位、教育机构或公共服务机构对其实施歧视行为的,除本法有明确规定外,向行为发生地所在的县级以上平等机会委员会申诉或者向人民法院提起诉讼。"[5]

---

[1] 曹俊金:"平等就业权司法救济实证研究",载《中国劳动》2014年第9期。
[2] 黄荣飞:"论就业歧视中的人格权保护",载《厦门特区党校学报》2014年第5期。
[3] 林嘉、杨飞:"论劳动者受到就业歧视的司法救济",载《政治与法律》2013年第4期。
[4] 中国政法大学宪政研究所:"反就业歧视法专家建议稿",载蔡定剑、刘小楠主编:《反就业歧视法专家建议稿及海外经验》,社会科学文献出版社2010年版,第10~21页。
[5] 周伟:"中华人民共和国反歧视法学术建议稿",载《河北法学》2007年第6期。

(二) 劳动争议的独立类型

有学者主张重构劳动争议的概念,把就业歧视争议纳入劳动争议范围。劳动法的调整对象包括"与劳动关系有密切联系的其他社会关系",其中包括劳动关系建立的前提条件和劳动关系结束后的必然结果,把就业歧视争议纳入劳动争议范畴,当属情理之中。[1]

(三) 缔约过失合同纠纷

有学者主张对就业歧视行为引入缔约过失责任,劳动合同缔约过失的赔偿责任范围可以包括:订立劳动合同所支出的费用,如交通费、通讯费、考试费、考察费、餐饮住宿费等;就准备履行或履行劳动合同所支付的必要费用,如辞去原工作遭受的损失等;诉讼费用等。[2]将缔约过失责任引入劳动法中,如果劳动合同没有缔结成功而一方又存在过错,过错方应承担缔约过失责任。从反就业歧视的角度来看,在缔约过程中,劳动者付出了缔约成本,如果用人单位因为歧视而拒绝与劳动者签约,应承担缔约过失责任。[3]

五、平等就业权纠纷应当属于劳动法领域的侵权纠纷

(一) 近期目标: 平等就业权纠纷作为独立类型的特殊侵权纠纷

近期目标应将平等就业权纠纷确定为独立类型的特殊侵权纠纷。平等就业权不宜作为人格侵权纠纷。首先,人格侵权难以获得圆满救济。人格尊严仅是平等就业权的一部分利益,人格侵权模式只能获得部分救济,而就业机会的损害和信赖利益的损害可能无法获得赔偿。其次,人格侵权难以获得救济。就业歧视与人格侵权行为不同,有时候很难证明雇主存在故意或是过失。依据人格侵权行为的构成要求,人格法益遭受侵害必须证明雇主有故意或过失侵害之行为,主观过错的证明困难是司法实践中平等就业权纠纷胜诉率低的主要原因之一。

---

[1] 李雄、刘山川:"我国制定《反就业歧视法》的若干问题研究",载《清华法学》2010年第5期。

[2] 冯祥武:《反就业歧视法基础理论问题研究》,中国法制出版社2012年版,第266~267页。

[3] 李雄、刘山川:"我国制定《反就业歧视法》的若干问题研究",载《清华法学》2010年第5期。

平等就业权纠纷不宜作为缔约过失责任纠纷。反就业歧视法属于以保护他人利益为目的的行为法，就业歧视行为属于特殊的侵权行为。我国《民法典》第1178条规定，其他法律对侵权责任另有特别规定的，依照其规定。既然就业歧视属于侵权行为，那么其不宜作为合同纠纷的缔约过失。此外，缔约过失纠纷仅限于信赖利益的保护，仅限于为缔结劳动合同所支出之费用，但这并非制裁，受害劳动者并不能获得完整的救济，对用人单位也不能形成有效的遏制。

（二）远期目标：平等就业权纠纷属于劳动法领域的特殊侵权行为

第一，平等就业权是劳动法上的权利类型，理应纳入到劳动法上的争议处理机制。就业歧视侵害劳动者的平等就业权，这是与《民法典》第1167条所列举的民法上的人身、财产权益不同的权利类型，应当作为劳动法领域的侵权纠纷纳入劳动争议。但是我国现行《劳动争议调解仲裁法》将劳动争议仅界定为基于劳动关系所发生的权利争议，因而平等就业权纠纷目前还无法被纳入劳动争议，最高人民法院只能将其确定为具有独立案由的人格侵权纠纷。

第二，我国应当借鉴德国、英国、法国等国家的制度经验，组建专业化的劳动法院，将所有与劳动就业有关的争议，无论是否具有劳动关系都纳入到劳动法院的管辖范围。例如，德国劳动法院在司法程序方面具有普通民事法院不可比拟的专业性，如合议庭由职业法官和来自劳资双方的名誉法官共同组成，劳动诉讼是独立的救济程序等。这些程序制度的设计体现了劳动诉讼倾斜保护劳动者权益的基本原则。[1]

第三，建立平等就业权纠纷司法救济与行政处理的协调机制。就业歧视不仅会引发司法救济，往往还会触发行政处理机制。行政权与司法权在反就业歧视领域应分工合作，司法判决的结论可以作为行政处理的证明材料，行政处理的结论同样可以作为法院审理平等就业权案件的初步证据。只要有实质性证据的支持，行政机关对于就业歧视事实的认定应当得到法院的尊重。[2]

---

[1] 娄宇："德国反就业歧视的法律规制研究"，载《德国研究》2014年第4期。

[2] 王显勇："公私兼顾论：我国反就业歧视法行政实施机制构建研究"，载《法律科学（西北政法大学学报）》2019年第2期。

六、结论

最高人民法院将平等就业权纠纷规定为独立的纠纷类型值得点赞,但是将其纳入人格权纠纷还是名不符实。在我国平等就业权司法救济实践中呈现出来的诸多问题亟需通过制定专门的《反就业歧视法》予以解决。反就业歧视法属于以保护他人利益为目的的行为法,平等就业权的法益结构是人格尊严、就业机会两位一体的利益集合。平等就业权争议应当属于劳动法领域的特殊侵权纠纷,适用劳动争议处理程序。

第三节 就业歧视侵权构成的认定

一、当前制度实践及问题

(一) 制度实践

现行法律是将就业歧视行为视为普通的民事侵权行为,适用"谁主张谁举证"的民事诉讼规则。实践中法院也是按照侵权行为的四要件来判断是否构成侵权,例如在案例9中法院认为,侵害平等就业权损害赔偿责任,必须同时满足以下要件:一是平等就业权受到损害;二是实施侵害平等就业权的违法性行为;三是主观上存在过错;四是违法性行为与平等就业权受损之间存在因果关系。在这四个构成要件中,无论是主观过错还是因果关系都是由原告承担举证责任。有学者通过实证的方式发现多数法院要求原告提供用人单位存在过错的直接证据,尤其是歧视性言词的记录,这对原告来说越发困难。[1]案例2中法院认为,本案用人单位在公布招聘个性化条件时,原告尚未出现,被告在时间上无法对原告一般人格权形成侵权的主观故意,不存在过错。案例3中法院认为,原告的体检报告虽显示原告为乙肝病毒携带者,但原告提供的证据尚不足以证明被告以乙肝病毒携带者为由拒绝录用原告,被告并未侵犯原告的平等就业权。案例7中法院认为,被告出于善意,

---

〔1〕 阎天:《川上行舟——平权改革与法治变迁》,清华大学出版社2016年版,第21页。

未为原告安排工作。被告不存在侮辱或者诽谤原告的口头形式,也无歧视性语言。

(二) 问题分析

具体来说,按照普通侵权行为来理解就业歧视诉讼存在的主要问题表现在:其一,"谁主张谁举证"的举证规则对劳动者极为不利。"谁主张谁举证"的举证规则不符合反就业歧视法的性质,反就业歧视法属于反面禁止的行为法,而不是正面确权的财产法和人格权法。反就业歧视法关注的焦点在于行为人的行为是否具有正当性,是否符合法律的规定,因而不能将人身权、物权、知识产权这些法律正面确权的举证规则搬进就业歧视诉讼当中。否则,按照"谁主张谁举证"的举证规则,《劳动法》和《就业促进法》中规定的平等就业权将很容易成为华丽的摆设。[1]其二,现行法律没有规定抗辩事由。由于没有规定抗辩事由,实践中用人单位申辩的重点集中在自己的行为不符合侵权责任的四个构成要件,而不是在行为的正当性和合理性上。其三,现行法律只适用于直接歧视,而没有涉及间接歧视。如果借鉴发达国家或地区的制度经验,将间接歧视纳入反就业歧视法律规制的范围,那么应如何处理直接歧视和间接歧视的具体规定和举证责任,是分别规定还是合并规定?鉴于我国目前在就业歧视领域还没有举证责任转移制度以及抗辩制度的具体规定,我们可以借鉴发达国家或地区的制度经验,从中寻找解决问题的办法,建构适合我国的制度模式。

二、直接歧视的举证责任及抗辩事由

(一) 直接歧视的举证责任

反歧视法包含两种理论:直接歧视和间接歧视。直接歧视也称为故意的歧视,是指基于法律所禁止的理由在相同情况下给予差别待遇。直接歧视案件的关键是证明雇主具有歧视动机或意图。[2]如何证明直接歧视呢?有学者

---

[1] 曹俊金:"平等就业权司法救济实证研究",载《中国劳动》2014年第9期。

[2] David P. Twomey, *Labor and employment law—text and cases*, South-Western, 2010, pp. 394~395.

将美国的做法称为"主观主义模式",英国的做法属于"客观主义模式"。[1]有学者认为,英美两国在认定直接歧视构成的主观要件上并没有实质性的差异,两国的司法机关在认定直接歧视上,基本上使用了相同的方法,即通过行为推定歧视的主观动机。英国和美国在认定直接歧视的方法和举证责任方面基本趋于一致。[2]无论是美国的主观要件说,还是欧洲诸国的主观不要件说,本质上都是一种"联系说",而法定的歧视对象特征与歧视行为间的联系总是不易证明的。美国规定,在直接证据极少的情况下,间接证据成为证明直接歧视动机的主要路径,而这一路径和欧洲诸国高度重合,以致二者在实践上并无显著差异。[3]

因此,各国或地区对于直接歧视的认定标准具有一致性,都采用主观客观化的认定方法,通过客观行为来认定主观动机。证明行为人的动机有直接证据与间接证据,没有任何雇主愿意承认他具有歧视的故意,大多数情况下原告只能获得间接证据。1972年的美国 *McDonnell Douglas Corp. v. Green* 案确立了被称为 McDonnell Douglas 模式的直接歧视证据规则,该规则适用三步程序:第一步,原告必须要按照 *McDonnell Douglas* 案中确立的要素来证明其遭受了差别待遇,由此被告的行为可以被初步推定为构成了表面歧视。第二步,如果原告的举证成立,被告须举证证明其行为具有合法的无歧视的理由。第三步,原告举证反驳被告声称的理由仅仅是托词。[4]由此,直接歧视实行举证责任转移制度,先由原告举证证明存在不利的差别待遇,由此推定存在表面的歧视,在此基础上由被告举证证明其行为具有合法的理由,符合法定的抗辩事由,最后由原告反驳被告的理由只是托词。

(二)直接歧视的抗辩事由

在求职人或受雇人提出直接歧视的主张之后,雇主可藉由提出正当职

---

〔1〕 谢增毅:"英美两国就业歧视构成要件比较 兼论反就业歧视法发展趋势及我国的立法选择",载《中外法学》2008年第4期。

〔2〕 李薇薇:《反歧视法原理》,法律出版社2012年版,第181~182页。

〔3〕 阎天:"就业歧视界定新论",载姜明安主编:《行政法论丛(第11卷)》,法律出版社2008年版,第282页。

〔4〕 David P. Twomey, *Labor and employment law—text and cases*, South-Western, 2010, pp. 394~395.

业资格（bona fide occupational qualification，简称 BFOQ）的合法抗辩来正当化其具有就业歧视效果的雇用措施。各国的反歧视法都规定了正当职业资格的抗辩事由。美国《民权法案》第 7 章 2000e-2 款规定，虽然雇主的就业决策是建立在宗教、性别或者民族等个人特征的基础上，但只要这些因素是进行此种交易或商业所必需的真实的职业资格，则此种实践就不是非法的。真实职业资格必须具备下列要件：其一是工作实质要件。为满足真实职业资格，雇主必须证明其拒绝雇用的求职人或受到差别待遇之受雇人无法安全且有效地执行该项工作。其二是"全部或几乎全部"要件。在主张真实职业资格时，雇主必须证明"全部或几乎全部"（all or substantially all）被排除雇用之特定群体的求职人或受到差别待遇之受雇人无法执行该工作的主要功能（essential function）。其三是合理需要要素。真实职业资格对雇主事业的正常营运而言必须是合理需要的，因此，若雇主可以找到一个合理的替代方案（reasonable alternative）来取代拒绝雇用某特定群体的求职人或给予特定群体受雇人差别待遇之雇用措施时，雇主即不能主张真实职业资格。[1]

雇主基于对特定群体的保护目的所采用之具有就业歧视效果的雇用措施不能作为一种真实职业资格，因为雇主欲保护某特定群体（如女性）的目的与其能否安全且有效地执行该项工作无关。例如，从事矿业、营造业或货运业之雇主因其所提供的工作系肮脏、危险或艰辛的，为了保护女性之安全而拒绝雇用女性并不能构成所谓的真实职业资格。[2]但是这种雇主的保护性措施如果符合法律的要求，则不构成就业歧视。我国《劳动法》明确规定了女性禁忌的劳动和不能从事的某些职业，而如果用人单位实施的雇佣措施基于劳动法上的法定特殊保护措施则不构成就业歧视。

三、间接歧视的举证责任及抗辩事由

（一）间接歧视的举证责任

间接歧视最早确立于 1971 年的美国的 *Griggs v. Duke Power Co.* 案件，美

---

[1] 郑津津：“美国就业歧视法制之研究”，载《台大法学论丛》2003 年第 4 期。
[2] 郑津津：“美国就业歧视法制之研究”，载《台大法学论丛》2003 年第 4 期。

国联邦最高法院在该案中指出：国会立法"不但禁止公然的歧视，而且禁止那些形式公平而实施具有歧视性的实践"。[1]1991年美国《民权法案》将间接歧视制度纳入其中。该制度后为英美法系国家所效仿。间接歧视基于实质平等的理念，挑战那些在某一社会被认为自然而然的、普遍接受的传统规则和实践，而这些规则和实践从表面上看是中性的、对每个人普遍适用的、没有明显偏见和敌意的，但它们却产生了加重或排斥弱势群体的不利后果。间接歧视并不要求具备歧视的主观故意。[2]

美国1991年修改的《民权法案》将阐释于 Griggs 案中的营运必要性和工作相关性成文化，实行举证责任转移制度。该种制度可以归纳为：①原告必须通过相关的统计数据比较，证明雇主的表面中立的就业行为导致了在雇佣和提升雇员时的不利的差别影响；②被告证明特定的就业行为不会造成不利的差别影响，或者证明该行为与争议中的职位具有工作关联性并与营运必要性相一致。[3]实践中，法院一般按照下列三个步骤判断和分析是否构成间接歧视：其一，原告证明初步确立歧视。原告必须证明某一表面中性的就业规定对其产生了歧视性的后果或影响。其二，被告举证证明系属商业需要。一旦原告证明了不利影响，雇主有两种方式可以为自己辩护，一是通过证据或者法律论证反驳原告的差别影响的初步事实，二是证明受到质疑的就业实践虽然带来了差别影响，但它具有商业上的必要性。其三，原告举证证明存在可以替代的就业实践而雇主拒绝采用。[4]

（二）间接歧视的抗辩事由

当雇主诚信地采用中性的选择措施（neutral selection devices），而此种方式会对就业歧视法律所保护之特定群体的求职人的就业机会造成负面影响时，雇主必须证明该中性的选择措施对其事业的营运系"合理必要"（reasonably necessary）的，否则不论雇主采用此种雇用措施的动机为何，皆会构成就业歧

---

[1] 阎天译："格瑞格斯诉杜克电力公司案"，载张翔主编：《宪政与行政法治评论（第七卷）》，中国人民大学出版社2014年版，第221页。

[2] 李薇薇：《反歧视法原理》，法律出版社2012年版，第71~72页。

[3] David P. Twomey, *Labor and employment law—text and cases*, South-Western, 2010, p. 468.

[4] 李薇薇：《反歧视法原理》，法律出版社2012年版，第191页。

视。"合理必要"标准是美国最高法院在 *Griggs* 案件中确立的，同时也符合美国《民权法案》的规定。"必要"的就业标准主要看或完全看受到质疑的就业实践与履行的工作之间是否存在明显的关系。[1] 雇主在主张营运需要进行抗辩时，其所采用的雇用措施并未将就业歧视法律所保护特定群体之求职人或受雇人全部排除，而只是对该特定群体的求职人或受雇人产生负面影响，因此，雇主只须证明其所采用的雇用措施与该工作的有效执行有显著的关系（manifest relationship）即可。[2]

四、建立就业歧视纠纷的举证责任和抗辩事由制度

（一）应当统一规定直接歧视和间接歧视

第一，直接歧视和间接歧视的分类只是一种抽象理论，两者本质上都是不合理的差别待遇。直接歧视和间接歧视背后的原理都是一致的，都是基于法律禁止的群体归类因素做出了就业决策行为，只不过直接歧视是有意识地直接将法律禁止的因素纳入决策行为，间接歧视通过表面无歧视的措施间接地将法律禁止的因素纳入决策行为。如果取消直接歧视的主观要件，甚至可以将直接歧视归并到间接歧视之中：只要受害者所在群体承受了比其他群体更为不利的影响，不论这种影响是来自表面中立的用人决策（间接歧视），还是来自表面不中立的决策（直接歧视），雇主都要承担证明决策正当性的责任。[3]

第二，直接歧视和间接歧视可以进行统一规定。直接歧视和间接歧视的差别在于前者存在差别待遇的主观目的，后者产生差别待遇的客观结果，这个差别可以在同一个条文中进行统一规定。国际公约的相关规定给我们提供了可供借鉴的定义模式。1958 年《消除就业和职业歧视公约》、1960 年《取缔教育歧视公约》、1965 年《消除一切形式种族歧视国际公约》、1979 年《消除对妇女一切形式歧视公约》、2006 年《残疾人权利公约》都在一个条文中规定了"歧视"的概念。我国应当借鉴国际公约的规定，对就业歧视进行界

---

[1] 李薇薇：《反歧视法原理》，法律出版社 2012 年版，第 200 页。
[2] 郑津津："美国就业歧视法制之研究"载《台大法学论丛》2003 年第 4 期。
[3] 阎天：《川上行舟——平权改革与法治变迁》，清华大学出版社 2016 年版，第 58 页。

定。笔者认为,就业歧视是指用人单位、人力资源服务机构基于民族、种族、性别、宗教信仰等因素对劳动者作出差别对待,损害其均等的就业机会或平等待遇的行为。

(二)建立举证责任转移制度

我国反就业歧视法应建立举证责任转移制度,由原告承担证明存在差别待遇的举证责任,被告承担证明差别待遇具有合法性的举证责任。无论是直接歧视还是间接歧视,两者都采取三步走的举证责任转移制度:第一步,由原告证明存在差别待遇,直接歧视是证明差别对待,间接歧视是证明差别影响;第二步,由被告证明其行为符合正当职业资格或者商业需要,直接歧视是证明正当职业资格,间接歧视是证明商业需要;第三步,由原告反驳或者证明可替代性的就业实践,直接歧视是由原告反驳被告的理由只是托词,间接歧视是由原告证明存在可替代性的商业实践。

(三)建立法定的抗辩制度

我国反就业歧视法应建立就业歧视抗辩制度。用人单位、人力资源服务机构有下列情形之一的,即使造成差别待遇,也不构成就业歧视:一是正当职业资格的内在要求;二是合理必要的商业经营需要;三是法律规定的特殊保护措施;四是对特定人群给予的特殊优待措施;五是出于国家安全需要。

五、结论

直接歧视和间接歧视是就业歧视的两种理论,两者可以进行统一规定,就业歧视是指用人单位、人力资源服务机构基于民族、种族、性别、宗教信仰等因素对劳动者作出差别对待,损害其均等的就业机会或平等待遇的行为。反就业歧视法应当建立统一的举证责任转移分配制度,由原告承担证明存在差别待遇的举证责任,被告承担证明差别待遇具有合法性的举证责任。建立统一的抗辩制度,规定正当职业资格、必要经营需要、法定的特殊保护措施等抗辩事由。

第四节 就业歧视的法律责任

一、实践做法及其问题分析

（一）实践做法

目前《劳动法》《就业促进法》等并未专门规定就业歧视的法律责任，因而实践中具体适用《民法典》中的民事责任形式。根据前文的典型案例，当事人要求承担的责任形式主要有：订立劳动合同；赔偿误工费、交通费、体检费、学历认证费等实际经济损失；赔偿工资损失；赔偿工资差额；赔偿精神损害抚慰金；赔礼道歉等。法院认定支持的主要有实际经济损害赔偿、精神损害赔偿、赔礼道歉。其中误工费的计算方法是劳动者丧失工作机会的时间乘以约定工资，如系首次就业且无约定工资，则法院一般不支持误工费。[1] 对于订立劳动合同的主张，法院都是予以驳回，如在案例 1 中二审法院虽然认定该案属于乙肝病毒携带者就业歧视，但是驳回了劳动者要求订立劳动合同的诉讼请求。对于工资损失，在侵权诉讼中法院因其属于劳动争议而不予处理，如在案例 8 中法院认为，工资请求应通过劳动争议途径予以解决。

（二）问题分析

有学者将目前就业歧视这种侵权法模式的制度特征概括为"以精神损害赔偿为主要诉求的人格侵权民事诉讼"。精神损害赔偿是就业歧视案件原告的主要诉求，但是，法院判赔的金额通常只占诉求数目的很小比例，一般仅为数千元。[2] 此外，经济赔偿仅仅赔偿实际经济损失，实际上就业机会丧失的期待法益损失并没有获得赔偿。由此需要解决的问题在于：其一，强制缔约可否成为独立的责任形式？其二，就业机会能否得到赔偿？其三，如何赔偿？实行补偿性赔偿、惩罚性赔偿还是法定赔偿？

---

[1] 林嘉、杨飞：“论劳动者受到就业歧视的司法救济”，载《政治与法律》2013 年第 4 期。
[2] 阎天：《川上行舟——平权改革与法治变迁》，清华大学出版社 2016 年版，第 21~23 页。

二、强制缔约应成为独立的法律责任形式

(一) 肯定说

美国、英国等采用的是肯定说。美国 1964 年《民权法案》第 7 章规定的救济措施主要是衡平性救济 (Equitable relief),如颁布禁止令 (injunctions)、积欠工资 (back pay)、复职 (reinstatement) 及合理的律师费用 (attorney's fees) 等。在英国,若原告在就业歧视诉讼中胜诉,则可以采取三种救济方法:一是以命令宣告原告的权利;二是要求被告为金钱赔偿;三是建议被告采取特定行为,如执行复职、重新聘用等,以降低歧视的不利结果。[1]我国学界中也有很多学者主张建立强制缔约制度。[2]周伟教授在其建议稿第 75 条中主张将强制缔约作为一种独立的法律责任形式。[3]蔡定剑教授在其建议稿第 54 条中规定恢复原状或给予相应待遇,这里的恢复原状应当包括予以录用。[4]

(二) 否定说

德国等国采用否定说。在德国,对受歧视雇员最有效的权利救济方式是补偿请求权。这是因为在劳动关系领域,法律不可能赋予劳方以强制缔约请求权,劳资双方的态度是劳动合同之履行或继续履行的必要且充分条件,只要一方存在异议,劳动关系即宣告破裂,这也是劳动私法上缔约自由原则的要求,为维护劳动关系之稳定,劳动法只能通过金钱给付的方式对雇主形成震慑。[5]我国也有学者采用否定说,周洪宇教授在其建议稿中没有规定予以录用的民事责任,劳动者只能请求损害赔偿。[6]

(三) 强制缔约能够成为独立的法律责任形式

笔者认为,我国反就业歧视法应当借鉴英国、美国在反就业歧视法中所采用的复职、重新雇佣等救济措施,若在未违反禁止歧视规定的情况下,契

---

[1] 饶志静:"英国反就业歧视制度及实践研究",载《河北法学》2008 年第 11 期。
[2] 林嘉、杨飞:"论劳动者受到就业歧视的司法救济",载《政治与法律》2013 年第 4 期。
[3] 周伟:《反歧视法研究:立法、理论与案例》,法律出版社 2008 年版,第 145 页。
[4] 蔡定剑、刘小楠主编:《反就业歧视法专家建议稿及海外经验》,社会科学文献出版社 2010 年版,第 21 页。
[5] 娄宇:"德国反就业歧视的法律规制研究",载《德国研究》2014 年第 4 期。
[6] 周洪宇:"《反就业与职业歧视法》立法构想及建议稿",载《武汉商业服务学院学报》2006 年第 2 期。

约将会成立时，受歧视者得请求缔约。[1]确立强制缔约法律责任制度，对于那些已经符合录用条件，如果没有加害行为，受害者100%可以获得雇佣机会的情形，劳动者可以主张强制缔约予以雇佣，如果不予雇佣，用人单位要承担法定的赔偿金。理由在于：

第一，强制缔约责任制度是对劳动者工作权的良好制度保障。在现代社会，工作权极为重要，关乎人的生存和发展，这种权益必须得到保障。对于遭受就业歧视的劳动者，其个人特质是一直存在的，如果不采用强制缔约责任制度，其工作权益就无法得到保障，下一个用人单位可能会基于同样的原因而拒绝雇佣，其就业就会成为很大的难题。

第二，强制缔约并未违反民法上的缔约自由原则，强制缔约并不是针对所有就业歧视行为，而是对于那些双方已经达成录用意向，却基于法律禁止的歧视因素拒绝录用的情形。于此情形下，用人单位的违法行为理应得到法律的否定性评价，属于无效行为，应当继续回到缔约的状态。

第三，强制缔约责任制度在《劳动合同法》中已经有制度运行的先例和经验，可以得到很好的实施。《劳动合同法》第14条已经规定了无固定期限劳动合同的强制缔约制度，因而强制缔约责任有制度先例可以遵循。强制缔约责任与违法解雇的继续履行都是保障劳动者工作权益的责任形式，两者属于相同的制度类型，《劳动合同法》第48条已经确立了违法解雇的继续履行责任制度，强制缔约责任有类似制度经验可以借鉴。

第四，强制缔约责任是遏制就业歧视行为的有效措施。强制缔约责任会使用人单位忌惮从事违法的就业歧视行为，如果用人单位不予录用则需要支付法定的赔偿金。如果没有加害行为，受害者100%可以获得这一机会，则适用复职、强制缔约等救济措施，否则就对机会的丧失给予赔偿。

三、就业机会应当纳入损害赔偿的客体范围

（一）就业机会能够成为损害赔偿客体

机会丧失能否作为赔偿客体端，主要判断其是否符合赔偿客体之要件，

---

[1] 叶启洲："民事交易关系上之反歧视原则——德国一般平等待遇法之借镜"，载《东吴法律学报》2015年第3期。

根据曾世雄的观点,综观各国损害赔偿制度之不同设计,赔偿客体需具备三个要件:其一是维生上之不利益,即遭受财产上不利益或非财产上不利益;其二是表彰权利或法益受到侵害;其三是客观上确定或可得确定。[1]就业机会符合这三个要件,应当成为损害赔偿的客体。首先,就业机会属于期待法益,属于法律保护的赔偿客体。生活资源存在于某种假设之上,亦经纳入法律体系之规范,但其并不具备权利要件,是为期待法益,如公平交易之机会利益、公平竞标之机会利益。[2]其次,就业机会的丧失使劳动者遭受了财产上不利益或非财产上不利益。最后,就业机会丧失客观上可以加以确定。机会利益丧失具有可确定性,这里的可确定性并非机会实现本身是确定的,而是机会丧失之客观损害可以加以确定。[3]机会本身具有利益,机会的丧失即为损害的发生,机会丧失为一种独立的损害,可就其本身成为损害赔偿对象,损害范围的界定应转移到机会本身。具体的计算方法不一而足,主要有全部赔偿、比例赔偿、直接评估机会本身的价值等。[4]

(二)美国和德国的制度经验

美国民权法案采用完全赔偿(make whole)理论,就业歧视受害者有权获得完全赔偿,包括复职、减去临时收入的积欠工资和福利(back pay and benefits less their interim earnings as well as front pay)、未来工资(front pay)以及合理的律师费用(attorney's fees),1991年民权法案对于故意的歧视行为增加了补偿性损害赔偿(compensatory damages)和惩罚性损害赔偿(punitive damages)。积欠工资(back pay)是指如果没有雇主的违法行为,个人应该获得从违法行为之日起到法庭判决之日的工资收入。通常这个数额会扣除在此期间个人从其他雇佣活动中获得的收入。未来工资是指个人在法庭判决之日到实际找到工作之日这段时间内个人的工资损失。一个对于未来工资更为共识性的理解是它是依据复职所给予的一种金钱赔偿,当由于原告与雇主或者雇主的其他雇员之间继续存在的敌意而使得复职救济不可行时所给予的金钱

---

[1] 曾世雄:《损害赔偿法原理》,中国政法大学出版社2001年版,第39~40页。
[2] 曾世雄:《损害赔偿法原理》,中国政法大学出版社2001年版,第50页。
[3] 田韶华、樊鸿雁:"论机会丧失的损害赔偿",载《法商研究》2005年第4期。
[4] 王全弟、陈爱碧:"侵权法中的机会丧失理论",载《复旦学报》2007年第3期。

赔偿。由此，无论是积欠工资还是未来工资，都是建立在复职（reinstatement）基础上的，积欠工资是过去的工资损失，未来工资是当复职不成时所造成的未来的工资损失，一般限定最长时间为2年。这两者实际上都是对于机会损失的补偿。补偿性损害赔偿针对故意的直接歧视，包括未来金钱损失、精神痛苦、享受生活的损失以及其他非金钱损失。如果雇主是以恶意（malice or ill-will）作出雇佣决定，或对被害人受联邦法律保障之权利漠不关心（reckless or callous indifference）而造成损害时，由于歧视之情节重大，受害人则获得更进一步的惩罚性损害赔偿。对于性别歧视、宗教信仰歧视等非种族歧视，补偿性和惩罚性赔偿的数额是有上限的，对于拥有雇员在100人以下的雇主，最高上限是50 000美元，拥有雇员在101人~200人的雇主，最高上限是100 000美元，拥有雇员在201人~500人的雇主，最高上限是200 000美元，拥有雇员超过500人的雇主，最高上限是300 000美元。[1]

德国《一般平等待遇法》第15条规定了就业歧视的法律责任，该条的法律效果不是恢复原状，而是物质性的损害赔偿——该赔偿涵盖了少得的劳动报酬以及非财产损害的金钱赔偿。法律仅为非财产损害的金钱赔偿规定了不超过3个月工资这一限制。[2]德国《民法典》第252条将所失利益也纳入到损害赔偿的范围，该条规定："待赔偿的损害也包括所失利益。按照事物的惯常运行或根据特别情事，特别是根据所做准备和所采取的预防措施，能够以极大的可能性期待得到的利益，视为所失利益。"[3]由此，所失利益的损失中包含了就业机会丧失所带来的劳动报酬的损失。

（三）我国反就业歧视法应将就业机会损失纳入赔偿范围

我国尚未在法律层面确立机会丧失理论。现行侵权法的损害包括直接损害和间接损害，"我国的侵权行为理论通说认为，直接损失是指已得利益之丧失，间接损失是虽受害时尚不存在，但受害人在通常情况下如果不受侵害，必然会

---

〔1〕 David P. Twomey, *Labor and employment law—text and cases*, South-Western, 2010, pp. 395~398.

〔2〕 ［德］雷蒙德·瓦尔特曼：《德国劳动法》，沈建峰译，法律出版社2014年版，第204页。

〔3〕 《德国民法典（第4版）》，陈卫佐译注，法律出版社2015年版，第252页。

得到的利益。"[1]因此，间接损失以必然性为条件，从而排除了机会损失。因此，就业机会损害不能从侵权法中获得救济，反就业歧视法应当将就业机会纳入赔偿范围。目前我国学者蔡定剑教授和周伟教授对此持肯定说。蔡定剑教授在其建议稿第54条规定，平等就业机会委员会和人民法院认定用人单位败诉的，可以裁决和判决用人单位恢复原状或给予劳动者相应的待遇；无法恢复原状或给予相应待遇的，或者受害人不愿意恢复原状或给予相应待遇的，应当根据损害的情节和程度予以赔偿；损害严重的，应当予以惩罚性赔偿。造成精神损害的，应当根据损害的情节予以精神损害赔偿。实际上是对于就业机会的丧失给予赔偿。[2]周伟教授在其建议稿第67条规定，用人单位在聘用过程中对应聘者实施歧视的，应当向被聘用人员赔礼道歉、予以录用或者赔偿损失，不能聘用的支付应聘岗位3个月的工资。[3]周伟教授实际上对就业机会的损失采用的是法定赔偿制，即3个月的岗位工资。也有学者对于就业机会丧失的赔偿额作了设计，认为赔偿数额的计算可以从实际损失的角度转换到预防侵害行为的角度，如立法可以设定以N个月份的未来工资总额作为赔偿机会利益损失的基数，而这个基数作为就业歧视的违法成本是具有威慑力的，然后在具体案件中以未来工资总额乘以法庭认定的原告成功就业概率，来确定具体案件的赔偿数额。[4]

四、赔偿损失：补偿性赔偿、惩罚性赔偿还是法定赔偿

（一）补偿性赔偿模式

英国采用补偿性赔偿模式，实行实际损害赔偿制度。法庭裁定损害赔偿时，其赔偿金额必须与法庭所判定的伤害相当，且不限于金钱上的损失，包括精神上的损害赔偿。至于惩罚性的损害赔偿（exemplary damages），法院认为惩罚性的损害赔偿仅在民事侵权行为案件中才可为裁定，对于违反歧视法的案

---

[1] 覃有土、晏宇桥："论侵权的间接损失认定"，载《现代法学》2004年第4期。
[2] 中国政法大学宪政研究："反就业歧视法学术建议稿"，载薛宝剑，刘小楠主编：《反就业歧视法学术建议稿及海外经验》，社会科学文献出版社，2000年版，第10、12页。
[3] 周伟："中华人民共和国反歧视法学术建议稿"载《河北法学》2007年第6期。
[4] 谢根成、周颖："论反就业歧视的民事救济权利"，载《河南师范大学学报（哲学社会科学版）》2011年第5期。

件则不可为之。[1]我国也有学者认为应采用补偿模式,认为目前我国法律明文规定惩罚型制度的可能性很小,由高额行政处罚来替代惩罚性损害赔偿,不失为法制完善之策。[2]

(二) 惩罚性赔偿模式

美国对故意的就业歧视采用惩罚性赔偿模式。美国采用复职、积欠工资、未来工资等衡平救济制度,对于恶意的就业歧视再加上补偿性和惩罚性赔偿制度予以救济。补偿性和惩罚性赔偿是在过去的报酬损失、未来报酬损失、律师费赔偿之外的,原告有权获得的法律救济。补偿性赔偿是对原告所遭受的精神损害、为寻找其他就业机会所花费的费用等的赔偿,而惩罚性赔偿则不是依据原告的经济损失确定的。我国较多的学者主张采用惩罚性赔偿制度。谢增毅主张,雇主实施歧视行为具有故意时应加重其责任,增加对受害人的救济力度,赔偿金额度可以包括精神损害赔偿或者惩罚性赔偿。当雇主缺乏故意时,以补偿受害人实际经济损失为主。[3]林嘉、杨飞主张,在缔约过程中,劳动者对建立劳动关系已形成合理信赖,而用人单位故意实施就业歧视行为的,劳动者可以"二选一":劳动者可选择请求建立劳动关系即强制缔约,亦可选择主张惩罚性赔偿责任。用人单位亦是"二选一":用人单位可以选择建立劳动关系而免于支付惩罚性赔偿,如不选择建立劳动关系则应当承担惩罚性赔偿责任,以有效遏制违法行为和保护受害的劳动者。[4]

(三) 法定赔偿模式

德国采用法定赔偿模式。德国《一般平等待遇法》第15条规定了就业歧视的法律责任,对于就业歧视所造成的物质性的损害赔偿采用实际损害赔偿,对于非财产损害的采用金钱赔偿,法律规定了不超过3个月工资这一限制。[5]周伟教授主张法定赔偿责任制,在其建议稿第75条规定:"用人单位在聘用程序对应聘者实施歧视的,应当向被聘用人员赔礼道歉、予以录用或者赔偿损

---

[1] 饶志静:"英国反就业歧视制度及实践研究",载《河北法学》2008年第11期。
[2] 阎天:"重思中国反就业歧视法的当代兴起",载《中外法学》2012年第3期。
[3] 谢增毅:"美英两国就业歧视构成要件比较研究——兼论反就业歧视法发展趋势及我国立法选择",载《中外法学》2008年第4期。
[4] 林嘉、杨飞:"论劳动者受到就业歧视的司法救济",载《政治与法律》2013年第4期。
[5] [德]雷蒙德·瓦尔特曼:《德国劳动法》,沈建峰译,法律出版社2014年版,第204页。

失,不能聘用的支付应聘岗位3个月的工资".[1]

(四)我国反就业歧视法应按照保护法益建立相应的损害赔偿制度

我国反就业歧视法应当根据其所保护的法益来具体设置赔偿责任制度,不同的法益应当采用不同的损害赔偿制度。首先,对于就业歧视行为所造成的财产损失应实行补偿责任制,如订立劳动合同所支出的交通费、通讯费、考试费、考察费、餐饮住宿费等;准备履行或履行劳动合同所支付的必要费用,如辞去原工作遭受的损失等;以及诉讼费用等,都采用实际损害赔偿。其次,对于精神损害赔偿,应当和《民法典》的规定相一致。《民法典》第1183条规定:"侵害他人人身权益,造成他人严重精神损害的,被侵权人可以请求精神损害赔偿。"再次,基于就业机会损失计算的困难性,对于就业机会的损害赔偿应当采用法定赔偿制。这里需要区分两种情形:一种是双方已经达成录用意向适用强制缔约的情形,这种情况下如果用人单位不愿意雇佣或者劳动者没有主张订立劳动合同,则以拟录用的岗位工资为基准,赔偿1年的工资;另外一种是双方并没有达成录用意向的不适用强制缔约的情形,则以当地上一年度社会平均工资为基准,赔偿6个月的工资。最后,对于故意的就业歧视行为应当实行惩罚性赔偿,在上述的法定赔偿制的基础上增加1倍的赔偿。因此,笔者认为,我国反就业歧视法的民事责任条款可以具体规定为:"用人单位实施就业歧视行为,给劳动者造成财产损失的,应当按照实际损失予以赔偿;造成劳动者精神损失的,应当对劳动者赔礼道歉,并给予精神损害赔偿。劳动者符合录用条件并且已经与用人单位达成录用意向的,用人单位实施就业歧视而不予录用的,劳动者可以要求用人单位订立劳动合同;劳动者不要求订立劳动合同或者用人单位不愿意订立劳动合同的,用人单位应当以拟招录的岗位工资为基准,支付1年的工资作为劳动者就业机会损失的赔偿。劳动者尚未与用人单位达成录用意向的,用人单位实施就业歧视行为,用人单位应当以其所在地上年度社会平均工资为基数,支付6个月的工资作为劳动者就业机会损失的赔偿。用人单位实施故意的就业歧视行为,应当按照前款规定赔偿数额的2倍向劳动者支付赔偿金。"具体来说,一是对

---

[1] 周伟:"中华人民共和国反歧视法学术建议稿"载《河北法学》2007年条6期。

于就业歧视行为所造成的实际财产损失应实行补偿性赔偿责任；二是对于精神损害赔偿，应当和《民法典》的规定一致；三是就业机会的损害赔偿应当采用法定赔偿制；四是对于故意的就业歧视行为应当实行惩罚性赔偿。

五、结论

强制缔约能够成为反就业歧视法的民事责任形式。就业机会损失应当纳入就业歧视的赔偿范围。我国反就业歧视法应当兼采补偿性赔偿、法定赔偿和惩罚性赔偿制度，对于财产损失应实行补偿责任制，对于就业机会的损害赔偿应采用法定赔偿制，对于故意的就业歧视行为应当实行惩罚性赔偿。

第五节 就业歧视侵权责任与劳动合同责任的竞合

一、就业歧视侵权责任与劳动合同责任的竞合

前述案例14~17都涉及就业歧视侵权责任与劳动合同责任的竞合，劳动者基于用人单位的同一就业歧视行为在同一诉讼中既主张人格侵权责任，又主张违法解雇、同工同酬等劳动合同法上的责任。由此，在就业歧视领域出现了侵权责任与劳动合同责任竞合的现象，即当用人单位因就业歧视行为没有录用劳动者，或者在劳动合同存续期间给予歧视性的差别待遇，导致就业歧视这一法律事实同时符合人格侵权、劳动合同责任等数个规范要件，致使该数个规范都可以适用的情形。就现行法律规定而言，案例14~17如果被确定为就业歧视行为，则该行为一方面侵犯了一般人格权，另一方面构成了劳动合同法中的依据诚实信用原则所产生的缔约过失责任（如案例1），违反依据劳动基准法上的同工同酬原则所拟制的劳动合同契约义务（如案例14）、劳动合同法所制定的有关违法解雇的法律规范（如案例15~17），构成劳动合同法上的法律责任。根据现行法律规定，人格侵权责任和劳动合同责任存在着诸多的差异：其一，这两种请求权基础不同。前者的请求权基础是《就业促进法》第68条及《民法典》侵权责任编相关条款，后者的请求权基础是劳动合同法中的法律责任条款；其二，构成要件不同。前者适用侵权责任的

构成要件,后者适用劳动合同责任的构成要件;其三,请求权内容不同。前者主要以精神损害赔偿为主,后者主张信赖利益、差别待遇、赔偿金或者复职;其四,纠纷性质不同。前者属于民事争议,法院可以直接受理,后者属于劳动争议,须劳动仲裁前置;其五,诉讼费用不同。前者按照比例收取诉讼费,后者劳动仲裁不收费,诉讼费仅交10元;其六,诉讼时效不同。前者诉讼时效是3年,后者诉讼时效是1年。

劳动合同法上的法律责任本质上属于合同责任。就其法律性质而言,劳动契约系属一种法律行为、债权契约、双务契约、雇佣契约。此外,劳动契约具有两个基本性质:其一,劳动契约系一种继续性之契约关系,在其存续期间,债务内容继续不断地实现,因此在当事人之间发生一种特别依赖关系。其二,劳动契约特别强调人格性,劳动关系不仅是以"劳力"与"报酬"之交换为核心而建立的财产关系,同时也具有人格上之特性;劳动力不是商品,劳动者人格之尊严及合理之生存条件,应受尊重与保护。基于这两个基本性质,构成了劳动契约法上附随义务的理论基础。受雇人的附随义务在学说上被概括称为受雇人之忠实义务,雇主的附随义务在学说上被概括称为保护照顾义务。[1]依法解雇正是雇主履行保护照顾义务的法律体现,雇主有保障劳工职业安定、非因法定条件不得解雇劳工的义务,雇主违反法律规定,于债务不履行时,对劳工所受之损害应负赔偿责任。受雇人于为他方服务之际,因故意或过失侵害雇用人权利者,除应负契约责任外,尚构成侵权行为。同样地,雇用人在雇佣受雇人之际,因故意或过失侵害受雇人权利者,除应负契约责任外,尚需要承担侵权责任。

二、法律竞合的一般理论

(一) 数个请求权竞合理论

根据王泽鉴教授的观点,同一事实具备不同法律规范的要件时,得发生数个请求权,可归为四类:一是法条竞合,这是指某项请求权因具有特别性,而

---

[1] 王泽鉴:《民法学说与判例研究(第二卷)》,中国政法大学出版社2003年版,第206~209页。

排除其他请求权规范的适用（特别法与一般法的关系）。二是选择性竞合（择一竞合），是指存在两个以上的请求权，当事人得选择其一行使，不得再主张其他的请求权。三是请求权聚合，指当事人对于数种以不同的给付为内容的请求权，得同时并为主张。如身体或健康受不法侵害者，得同时主张财产上的损害赔偿及抚慰金。请求权人对数个请求权，得同时或先后、就全部或个别主张。每一个诉请履行的请求权，构成一个诉讼标的。四是请求权竞合，指以同一给付目的的数个请求权并存，当事人得选择行使，其中一个请求权因目的达到而消灭时，其他请求权亦因目的达到而消灭。[1]王利明教授也持相同的观点。[2]

（二）单一请求权理论

Larenz 教授认为，一个具体生活事实符合债务不履行及侵权行为两个要件时，并非产生两个独立的请求权。论其本质，实际上仅产生一个请求权，但有两个法律基础，一为契约关系，一为侵权关系。依据请求权竞合说之基本理论，不法侵害他人权益之一般义务与契约上之特别义务，系两个独立之法律义务。Larenz 教授认为此项观点，难以成立。假若这两个义务具有同一内容，则不得侵害他人权利之一般义务，因契约上之特别义务而被强化、具体化，但绝非双重化，故债务人基于违约或不法行为所侵害的，并非是两个义务，仅仅是一个义务，故仅产生一个请求权，只能一次履行、一次起诉、一次让与。

Georgiades 阐扬 Larenz 教授之见解，形成一个系统严密的理论体系，其主要论点可归纳为下列数项：一是在同一当事人之间，某特定事实符合侵权行为及债务不履行之要件，而同以损害赔偿为内容者，并非产生数个独立之请求权，而仅系一个统一之请求权。二是此项统一请求权兼具契约与侵权行为两种性质。三是此项统一请求权之内容，综合各个规范而决定之，请求权既系基于两个法律依据而成立，则其地位不能减弱，仅能加强，故债权人得主张对己有利之法律效果，但依法规目的，应适用某项规范者，不在此限。[3]

---

[1] 王泽鉴：《法律思维与民法实例：请求权基础理论体系》，中国政法大学出版社2001年版，第166~167页。

[2] 王利明等：《民法学》，法律出版社2015年版，第159~161页。

[3] 王泽鉴：《民法学说与判例研究（第一卷）》，中国政法大学出版社2003年版，第353~358页。

三、就业歧视侵权责任与劳动合同责任竞合的法律路径

(一) 单一请求权路径

就业歧视侵害的法益是人格尊严与就业机会两位一体的利益集合,最恰当的方法是在同一个诉讼中统一解决这些利益损失。根据 Larenz 教授的单一请求权理论,就业歧视构成侵权行为和劳动合同债务不履行两个要件时,仅产生一个统一的请求权,这个请求权有两个法律基础,即反就业歧视法和劳动合同法。这样,在同一个诉讼中既解决侵权诉求,又解决违约诉求。目前我国台湾地区"民法"债编关于契约责任与侵权责任的竞合发生的重大制度改变可以给我们以启示。我国台湾地区"民法"债编第 227 条之一规定:"债务人因债务不履行,致债权人之人格权受到侵害者,准用第 192 条至第 195 条及第 197 条之规定,负损害赔偿责任。"立法理由谓:"债权人因债务不履行致其财产权受侵害者,固得依债务不履行之有关规定求偿。惟如同时侵害债权人之人格权致其受有非财产上之损害者,依现行规定,只得依据侵权行为之规定求偿。是同一事件所发生之损害竟应分别适用不同之规定解决,理论上尚有未妥,且因侵权行为之要件较之债务不履行规定,如故意、过失等要件举证困难,对债权人之保护亦嫌不周。为免法律割裂适用,并充分保障债权人之权益,增设本条规定,以求公允。"[1]

因此,如果采用单一请求权理论,我们需要在劳动合同法中增加竞合性规定,同时将就业歧视纠纷认定为劳动争议,这样使得无论是劳动合同法上的争议还是就业歧视争议,两者都适用同一法律程序,从而能够在同一个诉讼中解决反就业歧视法所保护的两位一体的法益。具体来说,我国《劳动合同法》可以规定,用人单位因就业歧视侵害劳动者依据本法所产生的权利,除应当承担本法所规定的民事责任外,造成他人严重精神损害的,被侵权人可以要求赔礼道歉,请求精神损害赔偿。

(二) 请求权竞合路径

目前学界的主流观点仍为数个请求权竞合理论,按照请求权竞合理论,

---

[1] 王泽鉴:《侵权行为法(第一册)》,中国政法大学出版社 2001 年版,第 84 页。

就业歧视侵权责任与劳动合同责任的竞合究竟是属于法条竞合、请求权竞合还是聚合呢？我们认为，其一，就业歧视侵权责任与劳动合同责任的竞合不是法条竞合。从法律属性上看，《反就业歧视法》与《劳动合同法》不是一般法与特别法的关系，《反就业歧视法》属于行为法，具有较强的公法属性，《劳动合同法》则更多地表现为意思自治，属于特别私法。此外，从法律程序上来看，目前就业歧视侵权争议是民事争议，劳动合同争议属于劳动争议。其二，就业歧视侵权责任与劳动合同责任存在请求权竞合。该竞合体现在：基于财产损失和就业机会的赔偿这一相同的给付目的，《反就业歧视法》和《劳动合同法》上存在着两个并存的请求权，当事人得选择行使，其中一个请求权因目的达到而消灭时，其他请求权亦因目的达到而消灭。其三，就业歧视侵权责任与劳动合同责任存在请求权聚合。《反就业歧视法》与《劳动合同法》在精神损害赔偿方面存在不同的给付目的，因劳动合同责任中无法获得精神损害赔偿，这项请求权与其他的请求权发生聚合。因此，财产损害和精神损害属于不同的给付内容，产生请求权聚合。

在厘清请求权竞合或聚合的理论问题后，实践中需在此基础上解决两个问题：其一是当事人能否在同一诉讼中提出双重请求，即在同一诉讼中既提出就业歧视侵权的诉讼请求，又提出劳动合同责任的诉讼请求？其二是当事人能否获得双重给付赔偿？对于前一个问题，目前司法实践中有两种观点，一种是根据当事人是按照劳动争议还是侵权争议提起的诉讼，如果是按照劳动争议提起的诉讼，则对侵权请求不予处理，当事人可以再行提起侵权之诉。一种观点是在一个诉讼中分别审查，合并处理。笔者认为，根据现行法律制度，两者属于不同性质的诉讼请求，就业歧视侵权属于民事争议，劳动合同责任属于劳动争议，两者适用不同的法律程序，存在诸多差异，不宜在一个诉讼中解决两种不同性质的诉讼请求，只能分别提出两个不同的诉来主张不同的诉讼请求。对于两个不同的诉能否获得双重赔付的问题，笔者认为，对于就业歧视所造成的物质损失或就业机会损失，根据前述的请求权竞合原理，反就业歧视法和劳动合同法存在竞合，由受害者选择行使，其中一个请求权因目的达到而消灭时，其他请求权亦因目的达到而消灭。例如，用人单位因歧视而解雇劳动者，劳动者可以同时或先后依劳动合同法上有关违法解雇的规定请求继续履行或支付赔偿金，再依侵权行为之规定请求损害赔偿。不过在其依劳动合同法请求赔偿物质损失或就业机会损失后，如果已达目的，劳动者则不得依侵权行为之规定再为请求。对于赔礼道歉和精神损害赔偿，根据前述的请求权聚合原理，该精神损害给付请求是与劳动合同责任不同的给付内容，劳动者可以同时主张。

四、结论

就业歧视侵权责任与劳动合同责任存在竞合，我国可以采用单一请求权路径和请求权竞合路径予以处理。采用单一请求权路径，我们需要突破传统的侵权责任和合同责任的界限，在劳动合同法中规定精神损害赔偿制度。请求权竞合路径是学界的主流观点。基于物质财产损失和就业机会赔偿这一相同的给付目的，在反就业歧视法和劳动合同法上存在请求权竞合；在精神损害赔偿方面，反就业歧视法与劳动合同法产生请求权聚合。当事人不宜在一个诉讼中提出两种不同性质的诉讼请求，只能分别提出两个不同的诉来主张不同的诉讼请求。对于赔礼道歉和精神损害赔偿，劳动者可以在劳动合同责任之外，另行通过侵权之诉予以主张。

结　语

建立健全反就业歧视法的多元综合实施机制

消除就业歧视亟需加强平等就业的法治化保障。就业乃民生之本，关系国家兴旺发达。就业歧视仍然是我国当前存在的社会问题。平等就业是每个公民全面参与社会经济政治活动的权利基础。法治中国建设需要加强和提升平等就业的法治化治理水平，切实保障和实现公民的平等就业权。平等就业的法治化保障关键是要协调平衡用人自主权与平等就业权之间的关系，确立机会均等的平等观。法律需要倡导量能雇佣，引导用人单位依照工作能力择优招录劳动者，消除主观恶意和传统偏见，让全体劳动者都有均等的机会参与劳动力市场竞争，经由公平竞争获取就业机会和平等待遇，实现工作职位的获取及相关待遇系于能力，人尽其才，各适其位，劳资共赢，社会和谐。我国《劳动法》和《就业促进法》等相关反就业歧视法明确了劳动者的平等就业权，禁止基于民族、种族、性别、宗教信仰等因素实施就业歧视行为。这些反就业歧视法已经开启了权利赋予之门，当前亟需提升法治化治理能力，扩大就业歧视保护范围，加强反就业歧视法实施机制建设，实现权利向现实转化，从制度上有效解决就业歧视问题，促进社会公平正义。

反就业歧视法保护两个法益，存在三种实施机制。就业歧视往往是针对具有某种社会类属性的群体，但是又得透过对属于该群体的个人的伤害得以具体呈现。用人单位针对某一归类事由所制定的有差别待遇的人事政策，其所涉及的是整个群体，侵犯的是群体化的社会利益。当这一人事政策适用于具体就业行为时，用人单位的人事决策就会造成该群体中某个具体成员的差别待遇，从而损害这个群体中的具体的个人利益，这是一种群体化的个人利益。群体化的社会利益是具备社会类属性的所有群体成员的共同利益，这种共同利益能否上升为公共利益取决于民主决策机制。群体化的个体利益并非孤立的原子式个体利益，是属于具备某种社会类属性的社会成员的个体利益。反就业歧视法属于保护性的社会立法，是以保护他人利益为目的的行为法，通过设置禁止性行为界限，划定用人单位的不作为义务范围，以反面确权来界定被保护群体免受侵犯的"权利"空间。按照保护法益，反就业歧视法的实施模式可以分为群体化个人利益实施模式和群体化社会利益实施模式。群体化个人利益实施模式和群体化社会利益实施模式虽然对反就业歧视法的保护法益认识不同，具体实施方式也有不同，但是两种实施模式都采用多元综合实施机制，通过多元综合实施机制来维护群体化社会利益和群体化个人利益。反就业歧视法包含了行政实施、社会实施、个人实施三种实施机制，这三种实施机制相互融合，共同保护群体化的社会利益和群体化的个人利益。

建立反就业歧视法多元综合实施理论。就业歧视本质上是群与群的利益冲突，只是体现在群体化的个体之间，而民事侵权则纯粹是个体之间的利益冲突。正如麦金侬所说的，一种歧视行为必须足以证明具有某种社会类属的群体特质，而不是个人独有的或个人品质的问题。但歧视又得透过对个人的伤害来呈现。更有甚者，该群体特质还得与形形色色、也不见得公平的人际差异划清界限，此类过于个人性的"歧视"和人际差异并不在反歧视法的管辖范围内。[1]歧视本质上是社会强势群体对弱势群体的单边行动——男性、主体族群、健全人群等强势群体通过歧视排斥女性、少数族裔、残障人群等弱势群体，剥夺其受教育、就业等平等权利，从而将其驱赶到报酬偏低、工作环境恶劣、晋升空间狭促的低端岗位中，甚至将其隔绝在劳动力市场之外，最终实现对社会资源和财富的独占。[2]正是基于这一根本性差异，反就业歧

---

〔1〕［美］凯瑟琳·麦金侬：《性骚扰与性别歧视——职业女性困境剖析》，赖慈云、雷文玫、李金梅译，时报文化出版企业有限公司1993年版，第147页。

〔2〕刘小楠主编：《反歧视法讲义：文本与案例》，法律出版社2016年版，第38~39页。

视法与侵权责任法在实施机制上存在根本差别,反就业歧视法的实施机制是多元化的,包含行政实施、社会实施、个人实施三种实施机制在内的多元化综合实施体制。我国反就业歧视法构建多元综合实施理论,建立包含行政实施、社会实施、个人实施三种实施机制在内的多元化综合实施体制,三者相互融合,特色鲜明,共同保护群体化的社会利益和群体化的个人利益。

构建公私兼顾、公私合作的反就业歧视法行政实施机制。其一,我国反就业歧视法行政实施机制应当公私兼顾,既保护社会公共利益,又介入私权争议。就业歧视属于私人权利争议,同时带有社会公共属性。鉴于就业歧视的本质属性以及司法救济的局限性,我国反就业歧视法行政实施机制应当体现公私兼顾原则,同时承担起两项重要职责:一是对劳动力市场进行监督检查,通过行政执法维护社会公共利益,二是介入私权争议,通过行政调解或者行政裁决实现平等就业权。其二,采取劳动保障行政机关负责实施,内设就业歧视评议委员会负责认定的模式。继续完善《劳动法》和《就业促进法》,明确规定劳动保障行政机关对反就业歧视法律的执法权限,将就业歧视纳入到《劳动保障监察条例》的监察范围内,规定就业歧视行为的行政责任和民事责任。在劳动保障行政机关内设立就业歧视评议委员会,受理就业歧视私人申诉,认定该申诉是否属于就业歧视,并进行行政调解和行政裁决。其三,行政裁决采用公私合作。行政裁决在我国已经是一种较为成熟的法律制度,可以有效地移植到反就业歧视法律的行政实施当中。行政裁决采用公私合作,申诉人和被申诉人作为控辩双方提出自己的主张和证据,由行政机构居中裁决。行政裁决应设置行政调解前置程序,发挥行政调解的安抚说服功能。其四,行政裁决实行选择主义。行政实施机制并非司法实施机制的必要前置程序,当事人可以自主选择采用司法诉讼还是行政裁决。行政裁决实行选择主义,体现了行政权与司法权的分工合作,同时赋予当事人选择权,由当事人根据争议的具体情况进行合理判断。其五,建立行政裁决司法审查制度。司法机关可以对行政裁决进行审查,但司法审查制度的运行需满足一些条件,以确立行政裁决的法律效力,体现行政行为公定力。如果当事人对行政裁决不服,其应当提起行政诉讼,而不是民事诉讼。赋予法院司法变更权,法院在行政诉讼中可以变更行政机关的裁决内容。

完善反就业歧视法司法实施机制。其一，应当在"劳动争议"中增设独立案由"就业歧视纠纷"。2018年12月最高人民法院发布法〔2018〕344号文，该文修改了《民事案件案由规定》，在"一般人格权纠纷"项下增加"平等就业权纠纷"。这个规定将平等就业权纠纷确定为一般人格权纠纷项下的独立案由，暂时缓解了长期笼罩在反就业歧视法律制度上空的名分问题，借名诉讼的时代将一去不返，但是将平等就业权纠纷纳入人格权纠纷还是名不副实。应当在"劳动争议"中增设独立案由"就业歧视纠纷"。就业歧视属于劳动法领域的特殊侵权行为，应当适用劳动法的争议处理机制。就业歧视侵害的是劳动者的平等就业权，平等就业权是劳动法上规定的劳动者的权利，应当拓展劳动争议的范围，将就业歧视争议确定为劳动争议下的具有独立案由的侵权纠纷。我国应当借鉴德国、英国、法国等国家的制度经验，组建专业化的劳动法院，将所有与劳动就业有关的争议，无论是否具有劳动关系都纳入到劳动法院的管辖范围。其二，建立平等就业权纠纷的举证责任和抗辩事由制度。建立举证责任转移制度。直接歧视和间接歧视都采用三步走的举证责任转移分配制度：第一步，原告证明差别待遇，直接歧视是证明差别对待，间接歧视是证明差别影响；第二步，被告证明其行为符合正当职业资格或者商业需要，直接歧视是证明正当职业资格，间接歧视是证明商业需要；第三步是原告反驳或者证明可替代性的就业实践。建立法定的抗辩制度。用人单位、人力资源服务机构有下列情形之一的，即使造成差别待遇，也不构成就业歧视：一是正当职业资格的内在要求；二是合理必要的商业经营需要；三是法律规定的特殊保护措施；四是对特定人群给予的特殊优待措施；五是出于国家安全需要。其三，设置多种形式的法律责任制度。确立强制缔约法律责任制度，对于那些已经符合录用条件，如果没有加害行为，受害者100%可以获得雇佣机会的情形，劳动者可以主张强制缔约予以雇佣，如果不予雇佣，用人单位要承担法定的赔偿金。就业机会应当纳入损害赔偿的客体范围。我国反就业歧视法应当将就业机会纳入损害赔偿的范围内，因为就业机会损失符合赔偿客体的要件。按照保护法益的内容设置不同的损害赔偿制度。对于就业歧视行为所造成的实际财产损失应实行补偿性赔偿责任。对于精神损害赔偿应当和《民法典》侵权责任编的规定相一致。就业机会的损害赔偿应当采用法定赔偿制。对于故意的就业歧视行为应当实行惩罚性赔偿。其四，化解就业歧视侵权责任与劳动合同责任的竞合问题。就业歧视侵权责任与劳动合同责任的竞合不是法条竞合。从法律属性上看，反就业歧视法与劳动合同法不是一般法与特别法的关系，反就业歧视法属于行为法，具有较强的公法属性，劳动合同法则更多表现为意思自治，属于特别私法。从法律程序上来看，目前就业歧视侵权争议是民事争议，劳动合同争议属于劳动争议。就业歧视侵权责任与劳动合同责任存在请求权竞合。基于财产损失和就业机会的赔偿这一相同的给付目的，反就业歧视法和劳动合同法上存在着两个并存的请求权，当事人得选择行使，其中一个请求权因目的达到而消灭时，另外一个请求权亦因目的达到而消灭。就业歧视侵权责任与劳动合同责任存在请求权聚合。财产损害和精神损害属于不同的给付内容，产生请求权聚合。劳动合同责任中无法获得精神损害赔偿，对于赔礼道歉和精神损害赔偿，劳动者可以在劳动合同责任之外，另行通过侵权之诉予以主张。

完善反就业歧视的工会帮助实施机制。工会可以通过代表机制和监督机制依法帮助劳动者维护和实现其在反就业歧视领域的合法权益：一是代表机制，工会代表劳动者的合法权益。按照《工会法》第6条的规定，工会通过平等协商和集体合同制度，协调劳动关系，维护企业职工劳动权益。工会依照法律规定通过职工代表大会或者其他形式，组织职工参与本单位的民主决策、民主管理和民主监督。《劳动合同法》第6条规定："工会应当帮助、指导劳动者与用人单位依法订立和履行劳动合同，并与用人单位建立集体协商机制，维护劳动者的合法权益。"并在第5章"特别规定"第1节"集体合同"中专门规定集体合同。二是监督机制，工会行使劳动法律监督权，依法维护劳动者的合法权益。《劳动法》第88条规定，各级工会依法维护劳动者的合法权益，对用人单位遵守劳动法律、法规的情况进行监督。任何组织和个人对于违反劳动法律、法规的行为有权检举和控告。《劳动合同法》第78条规定，工会依法维护劳动者的合法权益，对用人单位履行劳动合同、集体合同的情况进行监督。用人单位违反劳动法律、法规和劳动合同、集体合同的，工会有权提出意见或者要求纠正；劳动者申请仲裁、提起诉讼的，工会依法给予支持和帮助。《劳动保障监察条例》第7条规定，各级工会依法维护劳动者的合法权益，对用人单位遵守劳动保障法律、法规和规章的情况进行监督。

　　加强多元综合实施机制的协调。行政实施机制、社会实施机制、司法实施机制这三种实施机制只有协调运转才能发挥良好的实施效果。建立平等就业权纠纷司法救济与行政处理的协调机制。就业歧视不仅会引发司法救济，往往还会触发行政处理机制。行政权与司法权在反就业歧视领域应分工合作，司法判决的结论可以作为行政处理的证明材料，行政处理的结论同样可以作为法院审理平等就业权案件的初步证据。只要有实质性证据的支持，行政机关对于就业歧视事实的认定应当得到法院的尊重。协调行政与司法机制应当采用行政前置主义，协调司法与仲裁机制应当采用选择主义。将就业歧视争议纳入劳动争议的范围，改造现行劳动争议调解仲裁制度，将其变成裁审选择性关系，或裁或审，赋予仲裁以终局性和可实施性效力。

附录 1

应当构建反就业歧视法律的行政实施机制[*]

当前我国反就业歧视法治建设的重心在于构建公私兼顾、公私合作的行政实施机制，应当就此予以完善。

一、我国反就业歧视法治建设亟需行政实施机制

1. 当前我国反就业歧视法律存在实施困局。就业歧视是我国一个比较严重的社会问题。为消除就业歧视，我国《劳动法》和《就业促进法》明确了劳动者的平等就业权，禁止基于民族、种族、性别、宗教信仰等因素的就业歧视性行为。然而，相关法律长期陷入实施困局：一方面，司法实施机制过于原则，没有规定案由、归责原则、证据规则、赔偿标准等内容，导致受理难、审理难；另一方面，行政实施机制没有得到明确规定，行政处罚和民事赔偿缺乏法律依据和标准。

2. 破解实施困局的关键在于构建行政实施机制。法律的生命力在于实施，法律的权威也在于实施。当前反就业歧视法律已经打开了权利赋予之门，开启了权利向现实转化的进程。就业歧视具有社会公共属性，应当将行政实施机制作为主导性实施机制，应着力以行政实施机制破解反就业歧视法律的实

---

[*] 本文作为国家社科基金项目成果刊登于全国哲学社会科学规划办公室《成果要报》2015 年第 87 期。

施困局，推动反就业歧视成为国家的一项重要公共政策。

3. 建立行政实施机制是各国的通行做法。世界各国或地区的反就业歧视法律的行政实施机制主要有三种模式：第一种是专业机构模式，即建立专业化、独立性的行政机构。美国、英国、法国以及我国香港特别行政区等采用这种模式。第二种是行政主管机关模式，即由劳动行政主管部门负责实施，该模式以日本为典型。第三种是行政主管机关加内设专业性机构模式，即由劳动行政主管机关负责实施，内设专业性机构负责认定就业歧视行为，我国台湾地区采用这种模式。

二、构建公私兼顾、公私合作的行政实施机制

1. 行政实施机制应当公私兼顾，既保护社会公共利益，又介入私权争议。就业歧视属于私人权利争议，同时带有社会公共属性。鉴于就业歧视的本质属性以及司法救济的局限性，我国反就业歧视法行政实施机制应当体现公私兼顾原则，同时承担起两项重要职责：一是对劳动力市场监督检查，通过行政执法维护社会公共利益，二是介入私权争议，通过行政调解或者行政裁决实现平等就业权。

2. 采取劳动保障行政机关负责实施，内设就业歧视评议委员会负责认定的模式。继续完善《劳动法》和《就业促进法》，明确规定劳动保障行政机关对反就业歧视法律的执法权限，将就业歧视纳入《劳动保障监察条例》的监察范围，规定就业歧视行为的行政责任和民事责任。在劳动保障行政机关内设立就业歧视评议委员会，受理就业歧视私人申诉，认定是否属于就业歧视，并进行行政调解和行政裁决。

3. 行政裁决采用公私合作。行政裁决在我国已经是一种较为成熟的法律制度，可以有效地移植到反就业歧视法律的行政实施当中。行政裁决采用公私合作的形式，申诉人和被申诉人作为控辩双方提出自己的主张和证据，由行政机构居中裁决。行政裁决应设置行政调解前置程序，发挥行政调解的安抚说服功能。

4. 行政裁决实行选择主义。行政实施机制并非司法实施机制的必要前置程序，当事人可以自主选择采用司法诉讼或行政裁决。行政裁决实行选择主

义，体现了行政权与司法权的分工合作，同时赋予当事人选择权，由当事人根据争议的具体情况进行合理判断。

5. 建立行政裁决司法审查制度。司法机关可以对行政裁决进行审查，但司法审查制度的运行需满足一些条件。首先，确立行政裁决的法律效力，体现行政行为的公定力。其次，当事人如果对行政裁决不服，应当提起行政诉讼，而不是民事诉讼。最后，赋予法院司法变更权，法院在行政诉讼中可以变更行政机关的裁决内容。

三、强化行政责任，拓展公共利益实现途径

1. 反就业歧视法不应是软法，应当健全和强化行政责任。当前就业歧视现象比较严重，就业歧视关乎社会公共利益，反就业歧视法应当设置行政罚款等行政责任，赋予劳动保障行政机关以执法权限，规定立案、调查、认定、处罚等实施程序与步骤，切实发挥行政惩戒功能。

2. 拓展公共利益的实现途径，通过公私合作共同维护公共利益。首先，行政罚款与惩罚性民事赔偿责任制度都具有维护社会公共利益的功能，两者可以互相代替，但考虑到有导致惩罚过度的潜在可能，两者不适合在同一法律中进行规定。其次，拓展公共利益的实现途径，鼓励私人提起诉讼，建立胜诉后必要的律师费和调查费制度，以增加违法成本，遏制就业歧视行为。最后，行政裁决的结论可以作为行政处罚的依据，行政处罚的结果同样也可以作为法院审理就业歧视案件的初步证据。只要有实质性证据的支持，行政机关对于就业歧视事实的认定应当得到法院的尊重。

附录 2

疏堵结合防治就业性别歧视[*]

就业乃民生之本,关系国家兴旺发达。实行男女平等是我国的基本国策。国家高度重视保障妇女平等就业权利。《劳动法》《就业促进法》《妇女权益保障法》等法律明确规定,妇女享有与男子平等的就业权利,用人单位招用人员、职业中介机构从事职业中介活动,应当向劳动者提供平等的就业机会和公平的就业条件,不得实施就业歧视。《中共中央关于全面深化改革若干重大问题的决定》指出,规范招人用人制度,消除城乡、行业、身份、性别等一切影响平等就业的制度障碍和就业歧视。2017年中央经济工作会议提出要解决好性别歧视、身份歧视问题。2018年政府工作报告提出要消除性别和身份歧视,使更加公平、更加充分的就业成为我国发展的突出亮点。当前就业市场中的就业性别歧视现象仍然较为突出,基于生育的就业性别歧视较为普遍。为此,需要下大力气防治就业性别歧视。防治就业性别歧视需疏堵结合,通过观念更新、制度疏导来预防就业性别歧视,通过完善反就业歧视法律制度遏制就业性别歧视。

---

[*] 本文作为国家社科基金项目成果发表于刘小楠主编:《反歧视评论(第5辑)》,法律出版社2018年版。

一、当前就业性别歧视的现状及其成因分析

1. 当前就业性别歧视现象较为突出

我国当前性别就业歧视较为突出，尤其是基于生育的就业性别歧视仍然较为普遍。2010年全国妇联和国家统计局联合组织实施的第三期中国妇女社会地位调查数据显示，性别歧视现象仍一定程度存在，妇女发展的社会文化环境亟待改善。在就业方面遭遇过性别歧视的女性占10.0%，在工作、劳动、学习中，遭遇过性骚扰的女性占7.8%，24.7%有求职经历的女大学生曾经遭遇过不平等对待，19.8%的女性高层人才认为性别给自己的职业发展带来阻碍。[1] 国务院妇女儿童工作委员会办公室、全国妇联妇女研究所"2015—2016年生育政策调整完善与妇女就业"调查结果显示，不少用人单位排斥已婚未育或有二孩生育意愿的妇女。近半数（49.1%）用人单位在招聘时关注应聘者的性别和婚育状况，遭遇结婚、生育歧视的比例分别为53.8%和45.4%。67.7%的被调查妇女认为生育减少了自己的培训或晋升机会，47.4%的妇女认为生育使得自己的工作岗位变差。还有部分妇女不得不因生育中断工作。另有12.5%的妇女由于各种原因在生孩子前辞职或被辞退，其不但没有机会休产假，更没有机会获得产假工资。随着"全面二孩"政策的实施，很多用人单位担心因女性职员生育二孩而提高用人成本，女性就业难度加大，就业性别歧视可能加重。调查显示，遭遇生育二孩歧视的女性占17.1%。为此，很多想继续就业的女性不得不放弃生育或者推迟生育时间。[2] 全国总工会2017年的调查显示，尽管职工普遍拥护全面二孩政策，但高达66%的职工并不愿意生育二孩，商业零售、酒店、纺织3个行业职工的二孩生育愿望更是低至16%，七成女性担心二孩影响职业发展。[3]

---

[1] 第三期中国妇女社会地位调查课题组："第三期中国妇女社会地位调查主要数据报告"，载《妇女研究论丛》2011年第6期。

[2] 参见全国妇联妇女研究所："在全面两孩政策下促进妇女平等就业"，载《妇女研究内参》2016年第4期。

[3] 陈晓燕、彭文卓："让女职工'想生、敢生、能生'——委员聚焦女职工生育问题"，载中工网，http://www.workercn.cn/lianghui2018/32791/201803/08/180308073012214.shtml，访问时间：2018年8月17日。

2. 就业性别歧视的主要成因分析

第一，社会文化观念因素。社会性别是当代妇女理论的核心概念，社会性别理论分析了人类社会中男女两性不平等的实质和根源，认为男女两性各自承担的性别角色并非由生理决定，而主要是后天的、在社会文化制约中形成的；男女两性在社会中的角色、地位、期待和评价，主要是社会的产物，并且反过来又通过教育、法律、社会机制等加以巩固，并且在国家参与运作的过程中被规范化、制度化、体制化、两极化（男女二元对立）以及社会期待的模式化。[1]男女两性在社会观念中形成了男强女弱、男主女次的角色定位和社会观念，产生了"男主外、女主内"的家庭分工，导致女性在就业机会、收入等方面处于绝对的弱势地位。针对女性就业与生育的双重角色，女性似乎永远面临着母亲与就业者两种角色的冲突，难以彻底解脱。绝大部分研究认为，生育与就业具有负相关关系。[2]这些社会观念使得女性在就业机会方面处于弱势地位，亟需更新社会观念予以疏导。

第二，经济因素。当前用人单位承担了很多原本应当由社会承担的责任，加重了企业负担，导致企业不愿意雇用女性职工。这些负担主要表现在：一是晚婚晚育及生育奖励假的工资由用人单位负担。全面二孩政策实施以来，很多地方在法定产假外规定了生育奖励假，假期工资由用人单位负担。二是用人单位独自承担女职工劳动保护费用。女职工劳动保护费用包括购置冲水器、温水箱等费用；建设卫生室、哺乳室、托儿所、幼儿园等费用；女工健康检查费、小额女工福利等费用。三是生育津贴与职工工资的差额部分由用人单位承担。这些负担亟需通过社会化机制予以分担以疏解风险。

第三，制度因素。现行相关反就业歧视法律制度难以适用和执行，不能有效治理就业性别歧视。我国《宪法》第48条规定，妇女在政治、经济等方面享有与男子同等的权利。我国《劳动法》第3条、《就业促进法》第3条确立了劳动者的平等就业权，2007年《就业促进法》第62条、第68条规定了平等就业权的民事诉讼实施机制，受到就业歧视的劳动者可以向法院起诉，

---

〔1〕 李静雅："社会性别意识的构成及影响因素分析——以福建省厦门市的调查为例"，载《人口与经济》2012年第3期。

〔2〕 於嘉、谢宇："生育对我国女性工资率的影响"，载《人口研究》2014年第1期。

造成财产损失或者其他损害的，劳动者可以要求用人单位承担民事责任。关于就业歧视的救济渠道，只规定了就业歧视的受害人可以向法院提起诉讼的司法救济措施，并依法追究所涉法律责任，如责令改正、要求赔礼道歉、请求侵权损害赔偿等。[1]我国现行反就业歧视法律制度的不完善主要体现在：一是没有明确规定就业歧视的概念、类型和构成要件，使得法律规范难以适用和执行。二是没有规定行政实施机制。未形成劳动关系的就业歧视问题并不包含在人社部门的劳动监察事项范围中。三是民事诉讼实施机制过于原则，不能很好地保护受害人的利益。四是法律责任力度不够，单纯的精神损害赔偿无法满足就业歧视的保护要求。

二、观念更新：加强宣传教育，形成性别平等观和女性生育的社会贡献观

1. 破除男尊女卑的错误观念，形成性别平等观。切实加强思想文化建设，消除就业性别歧视的观念土壤。着力培育社会公平意识，消除男尊女卑的错误意识，改变潜意识中的性别偏见和刻板印象，大力倡导性别平等和公平就业的观念；促进性别平等观在全社会落地生根。

2. 破除"生育是女人的事情"这一错误观念，树立女性生育的社会贡献观。生育不仅是女人的事情，也是男人的事情，同时还是全社会的事情。要树立女性生育是为社会做贡献的观念，女性生育是在为人类社会的繁衍和繁荣做贡献。根据社会公平和正义原则，女性因为"社会"贡献而遭致的"市场"受损应该由"社会"来补偿，包括由国家、雇主和男性来共同分担。[2]《生育保险条例》《女职工劳动保护特别规定》等相关法律法规要贯彻这一理念，确立女性、男性、用人单位、社会、国家共同分担生育成本的制度模式，并对女性的生育贡献给予补偿。

3. 大力开展宣传教育活动。大力开展性别平等观和女性生育的社会贡献观的宣传教育，性别平等教育要贯穿学校教育体系的全过程。积极发挥舆论

---

[1] 参见信春鹰主编：《中华人民共和国就业促进法释义》，法律出版社2007年版，第179页。

[2] 许叶萍、石秀印："在'社会'上贡献，于'市场'中受损——女性就业悖论及其破解"，载《江苏社会科学》2009年第3期。

引导、社会倡导的正面作用，凝聚社会共识。政府部门要发挥示范和引领作用，营造平等用工、公平就业的良好社会氛围。

三、制度疏导：建立社会化分担机制预防就业性别歧视

1. 完善生育保险制度，建立生育的社会化保障机制：其一是建立男性产假制度，强化男性对生育应当承担的责任及其补偿机制。如果仅仅加强对生育女性的补偿和保护，对用人单位来说会使得雇用男性和雇用女性的"性价比"差别更大，因此必然会加剧劳动力市场对女性劳动力的排斥。[1]其二是改变现行生育保险基金的单一来源，建立用人单位和职工共同缴费、政府加以补贴的制度。根据《社会保险法》第53条的规定，现行生育保险基金完全由用人单位缴纳，这加大了用人单位缴费负担。其三是晚婚晚育及生育奖励假的工资由生育保险基金予以支付。其四是产假期间职工领取生育津贴的，用人单位不再补足生育津贴与工资的差额部分。

2. 完善失业保险制度，建立育婴留职停薪津贴制度。[2]我国可以考虑在就业保险中建立育婴留职停薪津贴制度来化解全面二胎政策所产生的社会问题，解决劳资双方的后顾之忧。参保劳动者在育婴留职停薪期间因照顾婴儿而停止工作，本质上与失业没有差别，因而育婴留职停薪津贴符合失业保险的制度原理。对于育婴留职停薪津贴纳入失业给付这一做法，国际上也有很多制度先例。日本、比利时、我国台湾地区等都将育婴留职停薪津贴纳入到失业给付当中。[3]例如，依据我国台湾地区"就业保险法"第11条第1项第4款规定，被保险人之保险年资合计满1年以上，子女满3岁前，依性别工作平等法之规定，办理育婴留职停薪，享有育婴留职停薪津贴请求权。

3. 建立女职工劳动保护费用补偿制度。女职工劳动保护费用实际上并不比生育保险费用少，这些费用由用人单位独自承担会影响女性公平就业。

---

[1] 蒋永萍："社会性别视角下的生育保险制度改革与完善——从《生育保险办法（征求意见稿）》谈起"，载《妇女研究论丛》2013年第1期。

[2] 王显勇："回归与变革：我国失业保险法律制度的完善之路"，载《四川大学学报（哲学社会科学版）》2017年第5期。

[3] 董克用、李刚："比利时失业保险体系对中国失业保险改革的启示"，载《人口与经济》2008年第3期。

2001年底北京市的一次调查发现女职工人均保护费用为175.08元，是同期女职工人均生育保险费用68.47元的2.56倍。[1]应当建立女职工劳动保护费用补偿制度，并由政府通过财政补贴、税费减免、政府采购优先等方式，降低企业劳动保护成本，激励用人单位平等招用妇女。

4. 提升政府公共服务职能，减轻家庭生育成本，提高女性就业竞争力。政府部门要提升公共服务职能，加强托幼设施建设，提高托幼服务水平，减轻家庭生育成本。政府部门要举办公立就业服务机构，提供免费的就业咨询、就业指导等就业服务，通过职业培训服务为女性求职者提供职业培训，提高女性就业竞争力。

四、制度治理：完善反就业歧视法律制度，遏制就业性别歧视

1. 界定就业性别歧视的概念及其例外。我国尚未制定专门的反就业歧视法，现行《就业促进法》《劳动法》等法律也没有对就业歧视作出明确界定。国内学界大多是引用国际劳工组织《1958年消除就业和职业歧视公约》（第111号公约，以下简称《消歧公约》）中关于"就业歧视"的定义。《消歧公约》将"就业歧视"界定为："基于种族、肤色、性别、宗教、政治见解、民族血统或社会出身等原因，具有取消或损害就业或职业机会均等或待遇平等作用的任何区别、排斥或优惠。"但"基于特殊工作本身要求的任何区别、排斥或特惠，不应视为歧视"。我国立法应当界定就业性别歧视的概念，并对其例外进行明确规定。用人单位、人力资源服务机构不得实施就业性别歧视。就业性别歧视是指用人单位、人力资源服务机构基于性别原因对女性劳动者作出差别对待，损害其均等的就业机会或平等待遇的行为。用人单位基于法律的特别规定、正当的职业内在要求以及正常运营所必需的合理就业标准所作出的差别对待不构成就业性别歧视。

2. 招聘性别歧视是当前亟需规制的重点领域。法律应当明确禁止招聘性别歧视。用人单位和人力资源服务机构无法证明属于例外情形的，不得发布含有限定性别、某性别优先、适合某性别等歧视性内容的招聘信息。在招聘

---

[1] 潘锦棠："北京市女职工劳动保护费用调查分析"，载《妇女研究论丛》2005年第2期。

过程中，用人单位非因工作岗位的内在需要不得询问婚育情况。招聘结束后，用人单位要及时反馈招聘结果，如果不予录用，应当告知主要原因。

3. 建立反就业歧视行政实施机制。就业歧视具有社会公共属性，应当将行政实施机制作为主导性实施机制，应着力以行政实施机制破解反就业歧视法律的实施困局，推动反就业歧视成为国家的一项重要公共政策。《劳动法》《就业促进法》应当将就业歧视纳入劳动保障监察事项的范围，明确劳动保障行政部门的两项重要职责：一是对劳动力市场进行监督检查，通过行政执法维护社会公共利益，二是介入私权争议，受理就业歧视私人申诉，通过行政裁决推动平等就业权的实现。

4. 完善反就业歧视民事诉讼实施机制。应当在"劳动争议"中增设独立案由，即"就业歧视纠纷"；建立举证责任转移制度，由用人单位承担证明差别待遇具有合法性的举证责任；建立正当的职业内在要求、合理的必要经营需要等抗辩制度；设置强制缔约、损害赔偿等多种形式的法律责任制度。

附录3

民法典时代工作场所性骚扰的法律规制*

《中华人民共和国民法典》作为人民权利的宣言书和保障书,开启了权利保护的新时代,为实现人民群众美好幸福生活提供了法治保障。其第1010条回应社会现实需求,在《妇女权益保障法》第40条[1]、《女职工劳动保护特别规定》第11条[2]、《关于增加民事案件案由的通知》增加"性骚扰损害责任纠纷"[3]的基础上,分为两款分别规范性骚扰行为和防治性骚扰行为,即该条第1款规定:"违背他人意愿,以言语、文字、图像、肢体行为等方式对他人实施性骚扰的,受害人有权依法请求行为人承担民事责任。"第2款规定:"机关、企业、学校等单位应当采取合理的预防、受理投诉、调查处置等措施,防止和制止利用职权、从属关系等实施性骚扰。"因此,工作场所性骚扰的法律规制已经进入由民法典规范的新阶段。

联合国大会于1993年通过《消除对妇女的暴力行为宣言》,该宣言第2

---

* 本文作为国家社科基金项目成果发表于《法学》2021年第1期。

[1]《妇女权益保障法》第40条规定:"禁止对妇女实施性骚扰。受害妇女有权向单位和有关机关投诉。"

[2] 国务院2012年颁布实施的《女职工劳动保护特别规定》第11条规定:"在劳动场所,用人单位应当预防和制止对女职工的性骚扰。"

[3] 2018年12月最高人民法院发布《关于增加民事案件案由的通知》,通知将"性骚扰损害责任纠纷"作为独立第三级案由规定在"侵权责任纠纷"中,解决了长久以来性骚扰案件借名诉讼的问题。

条将工作场所性骚扰列入对妇女的暴力行为。国际劳工组织于2019年通过第190号公约《关于消除劳动世界中的暴力和骚扰的公约》，该公约承认人人有权享有一个没有暴力和骚扰的劳动世界，承认劳动世界中的暴力和骚扰会构成侵犯或践踏人权，且暴力和骚扰是对机会均等的威胁，令人无法接受，与体面劳动不符。在此大背景下，我们应该再阔步向前，向工作场所性骚扰宣战，通过法治化途径消除这一公害，驱散笼罩在劳动世界中挥之不去的梦魇。

一、《民法典》性骚扰规则奠定基础、架设桥梁与提出问题

（一）《民法典》第1010条第1款抽象提炼共性，提供基础性规范

《民法典》第1010条第1款规范性骚扰行为（行为1），调整平等主体的自然人之间的人身关系，是直接规范性骚扰行为的基础性规则。该条款抽象提炼各种性骚扰形式的共性，从名称、构成要件、法律后果、侵权责任形式四个方面对性骚扰行为进行了整体性规范。

首先，第1款抽象提炼出性骚扰行为这一属概念。第1款明确使用性骚扰这一概念，由此，各种具体形式的性骚扰行为，无论是公共场所性骚扰行为、校园性骚扰行为、工作场所性骚扰行为还是其他形式的性骚扰行为，都是性骚扰行为的表现形式，都会受到《民法典》的规范。《民法典》对性骚扰行为的共性提炼与规则设置为规范各种具体类型的性骚扰行为提供了制度基础，其他部门法规制具体类型的性骚扰必须立基于民法典规范，必须在其规范的基础上作出特别规范。

其次，第1款明确性骚扰行为的构成要件与法律后果。第1款确认性骚扰行为属于人格侵权行为，需符合侵权行为的四个构成要件，即主观过错（违背他人意愿）、违法行为（言语、文字、图像、肢体行为等方式的性本质行为）、损害后果（骚扰）以及违法行为与损害后果之间的因果关系，并确立了行为人自担责任的法律后果。性骚扰行为侵犯了受害人的身体健康权，由行为人承担民事责任。

最后，《民法典》确立了行为人承担侵权责任的具体形式。行为人应根据性骚扰行为的实际情况承担相应的侵权责任形式：其一，性骚扰行为造成人身损害的，行为人应按照《民法典》第1179条赔偿法定范围内的人身

损害;其二,性骚扰行为造成财产损失的,行为人应按照《民法典》第1182条赔偿实际的财产损失;其三,性骚扰行为造成严重精神损害的,行为人应按照《民法典》第1183条赔偿精神损害;其四,按照《民法典》第179条的规定,性骚扰行为人还需承担停止侵害、赔礼道歉等民事责任形式。

(二)《民法典》第1010条第2款创设法定义务,架设通往其他部门法的桥梁

《民法典》第1010条第2款规范单位防治性骚扰行为(行为2),调整单位与单位职工、学校与在校学生之间的人身关系,是间接规范性骚扰行为的附随性规范,属于《民法典》中的其他部门法规范,体现了民法的社会化,架设了民法通往其他部门法的桥梁。

首先,第2款创设单位防治性骚扰的法定义务。在单位内部发生的性骚扰行为,往往存在权力关系,单位内部的强势主体对弱势主体的性骚扰侵害问题单靠第1款的基础性规则无法得以解决。治理工作场所性骚扰、校园性骚扰这些社会问题,需要找到治理药方,寻求新的力量来遏制单位内部发生的性骚扰行为。《民法典》开启了治理这些社会问题的良方,创设单位防治性骚扰行为的法定义务,只有单位实施积极的防治性骚扰行为才能有效治理工作场所性骚扰、校园性骚扰这些社会问题。

其次,第2款是该条第1款的附随性条款。第2款并不直接规范性骚扰行为(行为1),而是规范单位防治性骚扰行为(行为2)。单位防治性骚扰行为本身不是性骚扰行为,并没有侵害第1款所保护的权利。恰恰相反,第2款作为附随性条款,是第1款的保护性规定,而非侵害性规定。第2款设定单位防治性骚扰义务,是希望借力单位的防治行为去遏制性骚扰行为,更好地保护第1款所保护的人身权利。因此,单位即使没有尽到防治性骚扰的义务,其行为也没有侵害第1款所保护的人身权利,无需承担第1款所对应的法律责任。

最后,第2款属于《民法典》中的劳动法律规范,架设了民法通往其他部门法的桥梁。正如《民法典》中设置了一些行政机关的法定义务、存在较

多的行政法律规范,[1]第2款为单位设定防治性骚扰义务,实际上已经脱离了纯粹的民事规范,属于《民法典》中所设置的其他部门法律规范。《民法典》没有规定雇佣合同,没有对单位与其职工之间的权利义务关系作出规范。第2款保护职工的工作权益,工作权益应由劳动法保护,而非民法直接保护,这也是其没有设定法律后果的根本原因。《民法典》基于问题导向,将有利于权利保护的规范,不论这些规范是行政法律规范还是劳动法律规范,都在《民法典》中先行确立下来,以《民法典》的规范形式确立其他部门法的法律规范。这实际上是《民法典》作为社会生活的百科全书,发挥着第一部以法典命名的法律的独特功能,即突破法律部门的界限划分,以权利保护为依归,打通民法与其他部门法的通道。

(三) 民法典时代规范工作场所性骚扰需要进一步解决的问题

1. 如何理解工作场所性骚扰的理论框架? 在我国,性骚扰已从长期客观存在于司法实践的事实现象发展成为法律概念,如何从理论上认识工作场所性骚扰? 《民法典》已经确立工作场所性骚扰法律规制的双阶两行为结构,其第1010条第1款规范性骚扰行为(行为1),第2款规范用人单位防治性骚扰行为(行为2)。我们需要在民法典时代确立工作场所性骚扰的理论框架,使《民法典》确立的双阶两行为结构的规制模式得到理论支持。

2. 工作场所性骚扰的法律性质是什么? 世界各国或地区对于工作场所性骚扰的法律规制模式差异纷呈,学者对于工作场所性骚扰的认识也处于概念不明、对象不清、内容不定的混沌状态。工作场所性骚扰究竟是指在工作场所发生的性骚扰行为(行为1),还是用人单位防治性骚扰行为(行为2),还是损害工作利益的性骚扰行为(行为1与行为2合二为一),还是工作场所性骚扰行为再加用人单位防治性骚扰行为(行为1加行为2)? 工作场所性骚扰属于人格侵权还是就业性别歧视? 我们需要在民法典时代穿越迷雾,厘清迷思,类型化各国或地区的制度模式,界定工作场所性骚扰,确定工作场所性

---

[1]《民法典》中存在较多的行政法律规范,为行政机关设定了义务。例如,《民法典》第34条为居民委员会、村民委员会或者民政部门设定临时生活照料措施义务,第1005条为负有法定救助义务的组织或者个人设定及时施救义务,第1039条为国家机关、法定机构及其工作人员设定保密义务,第1254条为公安机关设定调查查明义务。

骚扰的法律性质。

3. 法律如何规制工作场所性骚扰行为（行为1）？《民法典》第1010条第1款已经确立工作场所性骚扰行为的民法规则，工作场所性骚扰行为的构成要件是什么？用人单位是否需要承担替代责任？除了民法规范之外，工作场所性骚扰行为是否还受到其他法律规范？实施机制有何特别之处？我们需要在民法典时代构建工作场所性骚扰行为的多元化法律规制，解决这些理论与实践问题。

4. 法律如何规制用人单位防治工作场所性骚扰行为（行为2）？《民法典》架设了通往劳动法的桥梁，劳动法如何规制用人单位防治性骚扰行为？用人单位承担防治性骚扰义务的法理基础是什么？防治义务具体包括哪些内容？防治义务属于公法义务还是私法义务？防治义务与劳动合同附随义务、禁止就业歧视义务的法律关系是什么？我们需要在民法典时代建立用人单位防治性骚扰行为的多层次法律规制，解决这些理论与实践问题。

二、工作场所性骚扰的理论框架：双阶段两行为理论

（一）工作场所性骚扰的理论分类：交换利益型性骚扰与敌意环境型性骚扰

"性骚扰"概念最早是由美国女权主义法学家凯瑟琳·麦金侬提出，她在1979年出版的著作《对职业女性的性骚扰》中将五花八门的工作场所性骚扰分为交换利益型工作场所性骚扰（Quid Pro Quo Harassment）与敌意环境型工作场所性骚扰（Hostile Environment Harassment）。[1] 这种理论分类被美国司法实践及世界各国或地区的性骚扰立法与司法实践所采用。

1. 交换利益型工作场所性骚扰：性骚扰行为＋有形的工作利益减损

所谓"交换利益型工作场所性骚扰"，是指职场内违反女性劳工意思之性的言语动作，而因该女性劳工之反应情形，使该女性劳工受到解雇、降级、减薪之不利益。[2] 交换利益型工作场所性骚扰存在两个行为：一是性骚扰行

---

[1] Catharine A. MacKinnon, *Sexual Harassment of Working Women: A Case of Sex Discrimination*, Yale University Press, 1979, p. 32, 40.

[2] 刘志鹏："'两性工作平等法'草案'整合版'所定职场性骚扰之研究——以日本法制为比较对象"，载《月旦法学杂志》2001年第4期。

为，即不受欢迎的性本质行为；二是不接受性骚扰所产生的有形工作利益减损行为。如果受骚扰者自愿接受并同意交换则属于双方自愿，不能认定为利益交换型性骚扰，但是有可能对其他雇员构成敌意环境型性骚扰。[1]至于不接受性骚扰但没有遭受有形工作利益减损的情形则不属于交换利益型性骚扰，但要看是否构成敌意环境型性骚扰。因此，交换利益型工作场所性骚扰是指不接受性骚扰，并因此遭受有形工作利益损害这种情形。交换利益型工作场所性骚扰可以概括为：性骚扰行为＋有形工作利益减损。这一结论可从各国或地区的制度实践中得到证明。

在美国，交换利益型性骚扰案件中原告必须证明她（他）因为拒绝行为人在性方面的要求而遭受有形工作利益的损害（Tangible Job Detriments），包括遭到解雇、升迁或加薪遭到拒绝或在职业训练上受到不公平对待。[2]依据日本劳动行政部门在1998年公布的指导性规范文件《雇主对于因职场上之性方面言语、行为问题，在雇用管理上应注意事项之指导方针》的规定，交换利益型性骚扰是指违反女性劳动者意愿的性方面之言语、行为，如果女性劳动者对之作出反抗行为，将会被解雇、降级、减薪等，遭受劳动条件不利益。[3]在我国台湾地区，主张交换利益型性骚扰，通常必须证明下列事项：一是受到违背其意愿的性利益要求；二是该行为是基于性或性别；三是对于该行为的反应将影响其工作等有关权益。[4]

2. 敌意环境型工作场所性骚扰：性骚扰行为＋无形的敌意工作环境

敌意环境型工作场所性骚扰更隐晦，也更为普遍，在这种情形下性骚扰使工作环境难以被容忍。[5]敌意环境型工作场所性骚扰可以概括为：性骚扰

---

[1] 加害人如为雇主或其他有管理权限之受雇人，对于直接被骚扰之受雇人或求职者，给予就业利益（例如升迁、晋用或继续雇佣），因而排挤到其他受雇人或求职者之机会，则该等被排挤之受雇人或求职者，可认为系性骚扰之间接受害人。同时该种差别待遇对间接被害人而言，亦已构成敌意工作环境性骚扰。参见邱琦："工作场所性骚扰民事责任之研究"，载《台大法学论丛》2005年第2期。

[2] Barbara Lindemann and David D. Kadue, *Sexual Harassment in Employment Law*, BNA Books, 1992, pp. 22～23.

[3] 刘志鹏："两性工作平等法草案'整合版'所定职场性骚扰之研究——以日本法制为比较对象"，载《月旦法学杂志》2001年第4期。

[4] 参见高凤仙："性骚扰及性侵害之定义"，载《月旦法学杂志》2012年第8期。

[5] Catharine A. MacKinnon, *Sexual Harassment of Working Women: A Case of Sex Discrimination*, Yale University Press, 1979, p. 40.

行为＋无形的敌意工作环境。美国联邦最高法院于1986年在 *Meritor Savings Bank v. Vinson* 案中认为"敌意环境型性骚扰"须严重（severe）及普遍（pervasive）到足以改变被害人的雇佣条件，并造成一个充满敌意（hostile）、伤人的（abusive）与胁迫的（intimidating）工作环境，方可成为诉讼之标的。[1]依据日本劳动行政部门发布的《雇主对于因职场上之性方面言语、行为问题，在雇用管理上应注意事项之指导方针》的规定，敌意环境型性骚扰是指违反女性劳动者意愿的性方面之言语、行为，使得女性劳动者在工作场所感到不愉快，而对其能力的发挥发生重大不利的影响，其程度达到不能忽视的地步。[2]在我国台湾地区，主张敌意环境型性工作场所骚扰，通常必须证明下列事项：一是行为违背其意愿；二是该行为基于性或者性别；三是该行为有损人格尊严、造成敌意环境或影响其工作之进行。[3]

（二）工作场所性骚扰的理论解析：双阶行为理论

从前述对工作场所性骚扰的两种理论分类的解析，我们可以得出结论：工作场所性骚扰＝工作场所性骚扰行为＋工作利益损害（有形的工作利益减损或者无形的敌意工作环境）。因此，工作场所性骚扰描述的是一种法律现象，而非单一行为，其整个过程可以分为双阶段两种行为。

1. 第一阶段：以工作利益为武器的性骚扰行为阶段

工作场所性骚扰的第一个阶段是人格侵权阶段，行为表现形式是性骚扰行为（行为1）。行为人在此阶段实施了违背他人意愿的性骚扰行为，侵害了被骚扰人的人格利益。交换利益型性骚扰在此阶段是以工作利益作为手段实施性勒索，此时工作利益只是要挟手段，实际减损尚未变成现实，工作利益并未受到实质损害。敌意环境型性骚扰在此阶段仍属于是以工作利益为武器来进行性骚扰，但是敌意环境并非性骚扰行为一经发生即自动产生，敌意环境在此阶段也尚未真正形成。

---

[1] See Meritor Savings Bank v. Vinson, 477 U.S. 57 (1986). 有关这一重要判决的详细探讨，参见焦兴铠："美国最高法院对工作场所性骚扰争议第一则判决之研究——*Meritor Savings Bank v. Vinson* 一案之评析"，载《劳资关系论丛》1999年第9期。

[2] 刘志鹏："'两性工作平等法草案''整合版'所定职场性骚扰之研究——以日本法制为比较对象"，载《月旦法学杂志》2001年第4期。

[3] 高凤仙："性骚扰及性侵害之定义"，载《月旦法学杂志》2012年第8期。

2. 第二阶段：基于性骚扰行为所引发的工作利益损害阶段

工作场所性骚扰的第二个阶段是工作利益损害阶段，行为表现形式是用人单位防治性骚扰行为（行为2）。在工作利益损害阶段，行为表现形式和行为主体都已经发生了变换，用人单位防治性骚扰行为包括积极的作为行为和消极的不作为行为，行为主体是用人单位（雇主），而非性骚扰行为人。交换利益型性骚扰在此阶段表现为用人单位基于第一阶段发生的性骚扰行为而作出有损工作利益的雇佣决定，受害人因为拒绝性骚扰行为人在性方面的要求而遭受有形的工作利益损害，包括遭到解雇、升迁或加薪遭到拒绝或在职业训练等方面受到不公平对待等。在工作利益损害阶段中作出雇佣决定的主体是用人单位，而非实施性骚扰的行为人，即便是性骚扰行为人代表用人单位作出这一雇佣决定，但该雇佣决定属于职务行为，行为主体仍然是用人单位而非性骚扰行为人。敌意环境型性骚扰在此阶段表现为用人单位的不作为行为，用人单位没有履行防治性骚扰的法定义务，未能及时制止性骚扰行为对工作的不利影响，导致无形的工作环境的恶化与变质，影响了受害人的雇佣条件。因此，无论是利益交换型性骚扰中有形工作利益的减损，还是敌意环境型性骚扰中无形的敌意环境，都是由用人单位的作为或者不作为行为造成的，而非由第一阶段中的性骚扰行为造成的。性骚扰行为只是产生第二阶段工作利益损害的条件，但是工作利益损害是由用人单位的行为造成的，而非由自然人的性骚扰行为造成的。这个问题容易混淆误认，需要特别澄清。

（三）工作场所性骚扰的法律规制：多元化多层次法律规制

工作场所性骚扰这一法律现象中包含双阶段两个行为：第一阶段是人格侵权阶段，行为表现形式是工作场所发生的性骚扰行为（行为1），这一行为受到多元化法律规制，民法典、治安管理处罚法，甚至刑法都会对该行为进行规范。性骚扰的行为主体是实施性骚扰行为的自然人，该行为无论是源自个人因素还是生理因素，都是人格侵权行为。第一阶段的性骚扰行为即便是源于歧视动机，但是属于来自个人的歧视，不能将其视为用人单位的雇佣政策，不是用人单位的行为；第二阶段是工作利益损害阶段，行为表现形式是用人单位防治性骚扰行为（行为2），这一行为受到多层次的法律规制。用人单位没有履行防治性骚扰义务，造成受害人遭受到解雇、降职降级、敌意工作环境等有形或无形的工作利益损害。

工作场所性骚扰双阶段两行为之间的媒介质是性骚扰行为与工作之间的实际联系。第一阶段发生的性骚扰行为为第二阶段中工作利益损害提供了前提条件，工作利益实际受到损失是第二阶段中用人单位的作为或不作为行为所造成的。工作利益实际上是掌握在用人单位手中的，只有用人单位可以保护或损害工作利益。用人单位或许没有能力不让性骚扰行为在工作场所发生，但是有能力在性骚扰行为发生时保护受害人不因性骚扰行为而遭受工作利益的损害。正是基于此，法律设定用人单位防治性骚扰的法定义务，该法定义务的核心要旨不是阻却一切性骚扰行为的发生，而是切断性骚扰行为与工作利益之间的有害联系，阻止因性骚扰行为而引发受害人工作利益的损害。法律规范用人单位防治性骚扰行为有两个路径：一是立法论意义上的新设路径，即通过新的立法来规制用人单位防治性骚扰行为，确立用人单位防治性骚扰的法定独立义务；二是解释论意义上的融合路径，即并不通过新的立法规制用人单位防治性骚扰行为，而是通过法律解释将其嵌入到既存的法律制度——如劳动合同附随义务或者禁止就业歧视义务之中。不同的法律路径会造成各国或地区相关制度存在很大差异，这在后面的部分会有相关介绍和论证。

因此，工作场所性骚扰这一法律现象中包含着人格侵权和工作利益损害两个阶段，并对应着工作场所性骚扰行为和用人单位防治性骚扰行为这两个法律行为，形成了多元化多层次的法律规制（参见下表）。

表　工作场所性骚扰两阶段的法律规制

双阶段	两个行为	义务主体	权利主体	保护法益	法律形式
阶段一：人格侵权阶段	行为1：工作场所性骚扰行为	性骚扰行为人	受害人	人格尊严	民法典
			国家	社会公共利益	治安管理处罚法、刑法
			用人单位	生产经营秩序	劳动合同法

续表

双阶段	两个行为	义务主体	权利主体	保护法益	法律形式
阶段二：工作利益损害阶段	行为2：用人单位防治性骚扰行为（层次1：内嵌于劳动合同附随义务）	用人单位	受害人	正常履行劳动合同所需的工作环境	劳动合同法
	行为2：用人单位防治性骚扰行为（层次2：法定独立义务）	用人单位	国家	性别工作平等	劳动法"女职工特殊保护"（性别工作平等法）、民法典
			受害人	有形或无形的工作利益损害	
	行为2：用人单位防治性骚扰行为（层次3：外化于禁止就业歧视义务）	用人单位	国家	公平就业	就业促进法（反就业歧视法）、民法典
			受害人	平等就业权	

三、工作场所性骚扰的法律性质：从单一行为到双阶行为

（一）工作场所性骚扰的法律规制历程：原初形态—发展变态—趋势定态

工作场所性骚扰究竟是对被害人之个人尊严或人身安全造成损害，还是会产生就业上性别歧视之后果，一直是学界中争论不休的课题。[1]这是必须得弄清的事关研究对象及其法律性质的基础问题。然而，在查阅世界各国或地区规范工作场所性骚扰的法律制度后，笔者发现世界各国或地区对于工作场所性骚扰的法律规制模式不同，对工作场所性骚扰也没有统一的界定模式，学界对工作场所性骚扰的界定也随之处于游离未定的状态。笔者研究认为，工作场所性骚扰的法律规制经历了三种制度类型的演进：第一种是用人单位防治性骚扰行为外化于禁止就业歧视义务的制度模式，这是工作场所性骚扰

---

[1] 参见焦兴铠："工作场所性骚扰是就业上性别歧视吗？——美国之经验"，载《法令月刊》2004年第4期。

的原初形态。此模式下的工作场所性骚扰，是指基于性骚扰行为所实施的就业歧视行为（行为2）。第二种是损害工作利益的性骚扰侵权行为的制度模式。此模式下的工作场所性骚扰，是指损害工作利益的性骚扰侵权行为（行为1与行为2融合为一个行为）。第三种是工作场所性骚扰行为与用人单位防治性骚扰行为的双阶段两行为（行为1+行为2）制度模式。在这种模式下，工作场所性骚扰这一法律现象中包含着人格侵权和工作利益损害两个阶段，对应着工作场所性骚扰行为（行为1）和用人单位防治性骚扰行为（行为2）这两个法律行为。下面笔者就对工作场所性骚扰法律规制经历的原初形态、发展变态、趋势定态的发展历程进行论述。

（二）原初形态：基于性骚扰行为实施的就业性别歧视行为

1. 工作场所性骚扰：雇主基于性骚扰行为实施的就业歧视行为（行为2）

美国是"性骚扰"术语的起源国，其最先以法律规范工作场所性骚扰，这是工作场所性骚扰法律规范的原初形态。美国并未在立法上明确规定雇主防治性骚扰的义务，没有新立法律来单独规制工作场所性骚扰，而是通过法律解释将其外化为禁止就业歧视义务，适用于《民权法案》第7章的反就业歧视法律制度。在美国，工作场所性骚扰不是指工作场所发生的性骚扰行为，而是指"行为人因被害人的性别而在她（他）的就业上加诸不受欢迎的条件（Unwanted Condition）。"[1]1998年美国联邦最高法院在 Oncale v. Sundowner Offshore Services, Inc. 案中指出，《民权法案》第7章只是针对基于性别因素之歧视行为，并不是要规范所有发生在职场之言语或肢体骚扰行为，只有在某一性别成员处于另一性别成员所未遭遇之就业上不利条件或情况时，才有该法第7章的适用。对工作场所性骚扰行为之禁止，并非要让工作场所演变为毫无性别现象或雌雄同体，而仅是针对那些在客观上冒犯且足以改变被害人就业条件或情况之行为。[2]在 Heelan v. Johns-Manville Corporation 案中，法院认为："上司频繁的性骚扰，并不是构成我们认定违反《民权法案》第7章的事由。因为

---

[1] Barbara Lindemann and David D. Kadue, *Sexual Harassment in Employment Law*, BNA Books, 1992, p. 4.

[2] 参见焦兴铠："工作场所性骚扰是就业上性别歧视吗？——美国之经验"，载《法令月刊》2004年第4期。

拒绝性侵犯而遭到解雇，才是使得该行为必须受法律制裁的事由。"[1]

无论是交换利益型工作场所性骚扰，还是敌意环境型工作场所性骚扰，美国法院都是按照就业歧视的构成要件进行审理。性骚扰行为本身并不构成就业歧视，只有当受害人拒绝性骚扰而遭受不利的工作利益损害，同时这种工作利益损害符合基于性别而产生的差别待遇，此时工作场所性骚扰才会构成就业歧视。交换利益型工作场所性骚扰的构成要件是：其一，原告是被保护群体的成员。其二，原告受到令人讨厌的性接近。其三，原告在对其不利的雇佣行动下遭受工作利益损害。原告必须证明她（他）因为拒绝行为人在性方面的要求而在工作上蒙受实质的损失（Tangible Injury），包括遭到解雇、升迁或加薪遭到拒绝或在职业训练上受到不公平对待。其四，该不利的雇佣行动与原告的性别有因果关系。原告是因为拒绝行为人在性方面的要求而遭到不公平的雇佣待遇，如果原告不是这个性别的成员，那她（他）就不会是行为人骚扰的对象，不会遭受不利的工作利益损失。其五，雇主是可归责的。只要工作场所性骚扰涉及实质的工作利益损失（Tangible Job Detriments），且行为人为管理监督阶层的受雇人时，雇主须负无过失责任。[2] 敌意环境型工作场所性骚扰的构成要件有：其一，原告是被保护群体的成员。其二，原告遭受不受欢迎的性本质行为。其三，该性骚扰行为须影响原告的雇佣条件。"敌意环境型性骚扰"须严重及普遍，并造成一个充满敌意的工作环境。其四，影响原告工作条件的行为与原告的性别有因果关系。其五，雇主知悉或应知悉该性骚扰行为而未采取适当之补救措施。[3]

2. 具有独特制度背景的法律解释论

美国是基于其独特的雇佣法制度背景而采用这种法律解释论模式的，这个

---

[1] 451 F. Supp. 1832 (1978). 转引自［美］凯瑟琳·麦金侬：《性骚扰与性别歧视——职业女性困境剖析》，赖慈云、雷文玫、李金梅译，时报文化出版企业有限公司1993年版，第113页。

[2] Jennifer Ann Drobac, *Sexual Harassment Law: History, Cases, and Theory*, Carolina Academic Press, 2005, p. 71; Barbara Lindemann and David D. Kadue, *Sexual Harassment in Employment Law*, BNA Books, 1992, pp. 22~23.

[3] Jana Howard Carey, *Sexual Harassment in the Workplace: Designing and Implementing a Successful Policy*, Conducting the Investigation, Protecting the Rights of the Parties, Practising Law Institute, 1992, p. 12; Jennifer Ann Drobac, *Sexual Harassment Law: History, Cases, and Thory*, Carolina Academic Press, 2005, p. 71.

独特的制度背景就是自由雇佣制度（employment-at-will）。[1]虽然世界上大多数国家或地区目前都已经采用正当事由的解雇保护制度，但是美国至今仍采自由雇佣模式，自由雇佣原则被普遍地作为普通法上的默示规则进行适用。[2]"如果双方当事人没有约定劳务提供是在一个固定的和确定的期限内，那么它就是不定期雇佣，任何一方当事人都可以自由终止雇佣关系。"[3]无固定期限劳动合同体现着灵活雇佣，自然而然就成为自由雇佣模式下普遍的雇佣形态，它对雇主而言更加有利和方便，但劳动者的工作却没有任何保障。在自由雇佣制度背景下，劳动者基于反抗性骚扰行为而在工作中遭受诸如解雇、降职、减薪等遭遇是没有任何救济途径的。为了给劳动者基于性骚扰所造成的工作利益损失找到一个救济的通道，凯瑟琳·麦金侬等女性主义学者将目光投射到《民权法案》第 7 章的禁止就业歧视制度，试图通过扩大解释将工作场所性骚扰适用于《民权法案》第 7 章中的就业性别歧视。这种经由解释论而非立法论，将工作场所性骚扰适用于反就业歧视法，是美国在自由雇佣制度背景下的一种无奈选择。

3. 不具有可复制性的转化论

美国是以判例法建立其外化于《民权法案》第 7 章性别歧视下的工作场所性骚扰制度，性骚扰行为之发生会使雇主构成就业性别歧视行为，从而从自然人的性骚扰行为向雇主（用人单位）的就业歧视行为转化。但是，由自然人的性骚扰行为转化为雇主的就业性别歧视行为，必须得完成两个逻辑转换：一是从自然人性骚扰的个体行为向雇主（用人单位）行为的逻辑转换。就业歧视仅限于因雇主政策而发生的歧视。[4]美国在交换利益型工作场所性骚扰中是直接转化的，雇主承担工作利益损害的直接责任，即雇主自己责任。这的确符合工作场所性骚扰行为的本质特征，这些减损有形工作利益的雇佣决定是由雇主行为造成的。在敌意环境型工作场所性骚扰中是间接转化的，

---

[1] 王显勇："无固定期限劳动合同法律制度的完善路径"，载《法学》2018 年第 12 期。

[2] Peggie R. Smith, Ann C. Hodges, Susan J. Stabile, Rafael Gely, *Principle of Employment law*, West, 2009, p. 23.

[3] Horace Gay Wood, *Master and Servant*, 283~284（1877）. 转引自 Richard A. Bales, Jeffrey M. Hirsch, Paul M. Secunda, *Understanding Employment Law*, LexisNexis, 2007, p. 1.

[4] ［美］凯瑟琳·麦金侬：《性骚扰与性别歧视——职业女性困境剖析》，赖慈云、雷文玫、李金梅译，时报文化出版企业有限公司 1993 年版，第 95 页。

适用代理人理论,即性骚扰行为与职务执行之间具有紧密联系,雇主就应当承担替代责任,如果证明其尽到了防治义务,就可以作为免责事由而不用承担责任。因而,美国将禁止雇主就业歧视之雇主不作为义务,扩张为包括雇主须积极防治性骚扰发生之雇主的作为义务。[1]二是从针对个体劳动者的有形或无形的工作利益损害转换为针对某一保护群体的差别待遇。美国司法实践中采用"but for"理论,如果不是性别,受害人就不会遭到性骚扰,而如果不遭到性骚扰,受害人就不会遭受不利的雇佣对待。因此,受害人是基于性别而遭受到不利的差别对待。[2]

我国也有诸多学者认为,工作场所性骚扰就是就业性别歧视。[3]但是,美国法规范工作场所性骚扰的这种解释论和转化论模式是不具有可复制性的,理由在于：其一,我国不存在此种解释论适用的自由雇佣的制度前提。我国有成文的劳动法律制度来保护劳动者的合法权益,《劳动合同法》实行解雇保护制度,不存在自由雇佣的制度前提。劳动者如果被违法解雇、调岗,劳动法中有相应的保护与救济制度,无需借由反就业歧视法来开辟新型保护路径。其二,我国《民法典》及相关法律已经将用人单位防治性骚扰义务设定为法定独立义务,无需将其纳入禁止就业歧视义务。我国当前已经采用立法论的新设路径,无需实行解释论的融合路径。其三,我国当前司法实践中很难实现转化论必须要完成的两个逻辑转换,即从性骚扰的个体行为向用人单位行为转换、从针对个体劳动者的工作利益损害转换为针对某一保护群体的差别待遇。学界那些持就业性别歧视观点的学者从未详细论证过如何实现这两个逻辑转换。如果这两个逻辑转换实现不了,性骚扰行为就无法转化为用人单位

---

[1] 谢棋楠:"工作场所性骚扰防治措施申诉及惩戒办法订定准则探讨：美国法之经验",载《法学新论》2010年第5期。

[2] Jennifer Ann Drobac, *Sexual Harassment Law: History, Cases, and Theory*, Carolina Academic Press, 2005, p. 57.

[3] 刘小楠认为,性骚扰成为世界范围内的一种法律禁止的违法行为,并被视为性别歧视的一种类型。(参见刘小楠、黄周正:"在人权视野下构建工作场所性骚扰防治机制——'北京+25'回顾与展望",载《人权》2020年第2期。)易菲认为,职场性骚扰是一种在劳动场所发生的基于性别且不受欢迎的不当对待,是劳动者就业中性别歧视的表现形式,侵害人利用不平等的地位对受害人进行性要挟或直接表达对受害人的性别歧视。参见易菲:《职场梦魇：性骚扰法律制度与判例研究》,中国法制出版社2008年版,第297页。

的就业歧视行为，受害劳动者的合法权益就不能得到保护。因此，美国的解释论与转化论模式不具有可复制性，我国不能采用也无需采用这种制度模式。

(三) 发展变态：损害工作利益的性骚扰侵权行为

1. 工作场所性骚扰：行为人损害工作利益的性骚扰侵权行为（行为1与行为2的合体）

我国台湾地区通过立法将工作场所性骚扰定性为行为人损害工作利益的性骚扰行为，这是一种强行将性骚扰行为（行为1）与工作利益损害（行为2）合二为一的立法论模式，是工作场所性骚扰法律规范发展变化的形态。我国台湾地区"性别平等工作法"在第3章"性骚扰之防治"中界定了工作场所性骚扰，确立了雇主防治性骚扰义务，规定了雇主及行为人的连带损害赔偿责任。首先，该法第12条规定了"性骚扰"的法律定义，将工作场所性骚扰分为交换利益型性骚扰与敌意环境型性骚扰两种类型。依据该条规定，不是所有不受欢迎的性本质行为都构成性骚扰，性本质言行必须主观上不受被害人欢迎，客观上存在交换利益或者敌意环境等工作利益受到损害，才能构成性骚扰。概括而言，交换利益型性骚扰必须是由行为人对他人要求性利益以交换其工作利益，敌意环境型性骚扰必须是行为有损人格尊严，造成使人感受冒犯之环境或影响工作之进行。[1]其次，该法第13条确立了雇主防治工作场所性骚扰的法定义务。再次，该法第27条规定了雇主及行为人的连带责任。根据该条规定，受雇者或求职者因性骚扰行为受有损害者，由雇主及行为人连带负损害赔偿责任。但雇主证明其已遵守各种防治性骚扰规定，且对性骚扰行为的发生已尽力防止仍不免发生者，雇主不负赔偿责任。学界认为雇主承担的是替代责任。雇主不是因性骚扰行为发生而雇主自己不作为，而应自行负责，而是因受雇人或其他行为人之性骚扰行为发生，使受雇者或求职者受有损害，而与行为人连带负责。[2]最后，该法第28条规定了雇主违反防治性骚扰义务的单独赔偿责任。学界认为这是针对间接受害人的独立损害赔偿责任。邱琦认为，直接被害人即得依第27条规定，向雇主请求损害赔

---

[1] 高凤仙："性骚扰及性侵害之定义"，载《月旦法学杂志》2012年第8期。
[2] 谢棋楠："工作场所性骚扰防治措施申诉及惩戒办法订定准则探讨：美国法之经验"，载《法学新论》2010年第5期。

偿。第28条之规定应系针对间接被害人而设,间接被害人应得基于该条规定,向雇主请求损害赔偿。[1]

2. 这是一种逻辑无法自洽的立法论模式

首先,这种强行将性骚扰行为与工作利益损害合二为一的立法论模式存在逻辑上的矛盾:其一,将工作利益的损害归因于行为人的性骚扰行为存在逻辑问题。利益交换型性骚扰中有形工作利益的减损,以及敌意环境型性骚扰中无形的敌意环境,这些工作利益的损害都是因为用人单位的作为或者不作为行为造成的,而非行为人的性骚扰行为直接造成的。其二,雇主防治性骚扰行为既是法定义务又是免责事由存在逻辑问题。第28条确立了雇主的防治性骚扰法定义务,第27条又将这种法定义务的履行设定为免责事由。这种自相矛盾的规定实质上使得雇主防治性骚扰的法定义务虚化,实质上仅仅是免责的抗辩事由。试想,如果雇主依法履行了防治性骚扰义务,自然就无需承担法律责任,更谈不上免责。如果雇主违反了防治性骚扰的法定义务,那么其对自身行为承担法律责任,这是自我责任而非替代责任,何须依附于性骚扰行为而连带承担赔偿责任呢?其三,第27条设定雇主与行为人连带赔偿责任,以及第28条设定雇主单独赔偿责任存在逻辑问题。既然已经将工作场所性骚扰定性为损害工作利益的性骚扰行为,那么受害人的人格利益和工作利益都已经被纳入其中,何需再单独设定损害赔偿责任呢?雇主违反同一防治性骚扰法定义务,同一行为又如何能够承担两个不同的损害赔偿责任呢?

其次,这种强行将性骚扰行为与工作利益损害合二为一的立法论模式窄化了性骚扰违法行为的范围。一些不受欢迎的性本质行为,若未造成工作利益的损害,则不属于工作场所性骚扰,这会导致有些性骚扰行为游离于法律的规制范围之外。盖敌意工作环境之概念系继受自美国法,主要是针对雇主的连带责任而设,亦即如果加害人之性骚扰行为,对被害人构成敌意工作环境,则雇主必须与加害人连带负损害赔偿责任。反之,则雇主不必负责。然而,该项概念移植到我国台湾地区后,却变质成为加害人损害赔偿责任之构成要件,如果法院因为加害人之行为并不构成敌意工作环境,则不仅雇主不

---

[1] 邱琦:"工作场所性骚扰民事责任之研究",载《台大法学论丛》2005年第2期。

必负责,甚至于连加害人也不必负责。[1]

再次,这种强行将性骚扰行为与工作利益损害合二为一的立法论模式导致雇主无法作出预防。只要一发生工作场所性骚扰行为,雇主即需承担连带责任,无须雇主另行违反第 13 条第 2 项规定的防治性骚扰之纠正及补救义务。甚且,对于性骚扰行为一旦发生,即已构成第 27 条之责任类型,又如何要求雇主履行立即有效之纠正及补救,其再为纠正及补救,亦无法符合第 27 条规定的"对该事情之发生已尽力防止仍不免发生"之免责要件。[2]

最后,这种强行将行为人性骚扰行为与工作利益损害合二为一的立法论模式不适合中国大陆地区。中国大陆地区有较多学者主张这种造成工作利益损失的性骚扰行为模式。[3] 这种制度模式无法逻辑自洽,窄化了性骚扰的范围,不利于雇主的防治行为,最终会导致雇主变成了旁观者,而不是行动者。雇主承担的是替代责任,它不是为自己的行为承担责任,而仅仅是为他人的行为承担责任。这实质上是与法定的雇主防治义务相悖,雇主应当是行动者,雇主的防治义务应当成为请求权的基础,而不是免责事由。

(四)趋势定态:人格侵权行为 + 工作平等促进措施

1. 工作场所性骚扰:工作场所发生的性骚扰行为(行为 1) + 雇主防治性骚扰行为(行为 2)

原初状态和发展变态中工作场所性骚扰法律规范都存在无法解决的理论和实践问题。在原初状态中,工作场所性骚扰被视为基于性骚扰行为引起的就业性别歧视行为(行为 2),这种制度模式基于特殊的自由雇佣的制度背景,不具有可复制性。在发展变态中,工作场所性骚扰是行为人损害工作利

---

[1] 邱琦:"工作场所性骚扰民事责任之研究",载《台大法学论丛》2005 年第 2 期。
[2] 谢棋楠:"工作场所性骚扰防治措施申诉及惩戒办法订定准则探讨:美国法之经验",载《法学新论》2010 年第 5 期。
[3] 例如,薛宁兰认为,劳动者在求职、工作过程中,受到来自雇主、上级、同事或者客户等的骚扰,并有下列情形之一的,为职场性骚扰:①以是否容忍作为聘用(录用)、续聘、加薪、提拔、提供培训机会等的条件;②构成胁迫、敌视或者令人不快的工作环境。参见薛宁兰:《社会性别与妇女权利》,社会科学文献出版社 2008 年版,第 199 页。曹艳春认为,职场性骚扰是发生在工作场合的或与工作有关的,加害人对受害人实施的、基于性或性别的行为,该行为会对受害人的工作环境造成实质损害,或者使受害人的工作环境变得充满敌意性、胁迫性、侵犯性的侵权行为。参见曹艳春、刘秀芬:《职场性骚扰雇主责任问题研究》,北京大学出版社 2016 年版,第 34 页。

益的性骚扰侵权行为（行为1与行为2的合体），这是一种无法逻辑自洽的立法论模式。由此，工作场所性骚扰的法律规范逐渐演变到新的发展阶段，工作场所性骚扰逐渐从单一行为发展成为双阶段两个行为。工作场所性骚扰行为（行为1）与用人单位防治性骚扰行为（行为2）各有其法律规范，各有其法律属性，这是工作场所性骚扰法律规范的趋势定态。德国、日本、中国大陆地区对于工作场所性骚扰的法律规范都顺应时代发展的客观要求，采取趋势定态的制度模式。前已述及，我国《民法典》第1010条规范了性骚扰行为和用人单位防治性骚扰行为，确立了工作场所性骚扰双阶段两行为的制度架构，并且为其他部门法规范用人单位防治性骚扰行为架设了一条通往民法典的连接动线。

工作场所性骚扰行为（行为1）从原初形态中的就业歧视行为、发展变态中的损害工作利益的性骚扰侵权行为，逐渐转变为趋势定态中的工作场所发生的性骚扰行为。性骚扰行为变成了属概念，工作场所性骚扰行为、公共场所性骚扰行为、校园性骚扰行为等成为类型化的性骚扰行为的种概念。工作场所性骚扰行为（行为1）是工作场所发生的性骚扰行为，属于人格侵权行为。这种发展变化符合工作场所性骚扰行为的本质特征，符合工作场所性骚扰的双阶行为理论，因而逐渐被大多数国家或地区的立法所采纳。正如我国台湾地区学者高凤仙认为，防治性骚扰的立法，渐渐朝着着重性骚扰行为本身而非性别歧视方向发展。性骚扰问题应该重新加以定位，此问题虽然与两性平权问题有关，但与人身安全问题更是息息相关，朝着保护人身安全之方向研究防治或防制之方法，才能切中问题之要点而提出妥适之解决方案。[1]

用人单位防治性骚扰行为（行为2）从原初状态中的抗辩事由、发展变态中虚化的独立义务与抗辩事由并存，逐渐演变成为真正独立的法定义务。用人单位防治性骚扰行为逐渐从工作场所性骚扰行为中独立出来，在平等法或者劳动基准法中被确立为法定的独立义务，变成促进工作平等的措施。在趋势定态中，工作场所性骚扰的法律规范已经将规制重心从工作场所性骚扰行为（行为1）转移到用人单位防治性骚扰行为（行为2），确立用人单位防

---

〔1〕 高凤仙："'性骚扰防治法'之立法问题研究"，载《万国法律》1999年第6期。

治性骚扰的法定义务。这是一个根本性的趋势转变,这种转变使工作场所性骚扰裂变为两个行为,用人单位从旁观者转变为行动者,从替代责任主体转变为自我责任主体。

2. 德国工作场所性骚扰:工作场所性骚扰行为+雇主防治性骚扰行为

德国在工作场所性骚扰的法律界定上突破了美国判例法所确立的就业性别歧视模式,立法区分工作场所性骚扰行为与雇主防治性骚扰行为。工作场所性骚扰行为被界定为人格侵权行为,这对后来许多国家相关立法产生了重要影响。德国在1994年制订了第二部两性平等法,将性别歧视法、女性促进法、工作场所性骚扰保护法三大立法合而为一,其中德国《工作场所性骚扰保护法》共有7条规定,规定了工作场所性骚扰行为的法律概念、雇主的预防义务及对抗工作场所性骚扰的法律机制。依据工作场所性骚扰保护法第2条的规定,每一故意及性欲之特定行为举止,凡侵害到工作场所受雇人之人格尊严时,即属工作场所之性骚扰行为。2006年制订的德国《一般平等待遇法》第3条仍然坚持工作场所性骚扰行为的人格尊严侵害说,只是在构成要件上将1994年《工作场所性骚扰保护法》中的"当事人明显可辩地拒绝"替换成"不受欢迎",强调了主观要件的客观化,同时将敌意工作环境纳入到人格尊严被侵犯的一种情形。由此,《一般平等待遇法》第3条第4款对于工作场所性骚扰行为的法律界定本质上与1994年的法律规定是一致的,都将其定性为侵犯人格尊严的行为,是不受欢迎的性本质行为。

德国立法将规制重心从行为人转移到雇主,确立了雇主防治性骚扰行为的法定义务。依据工作场所性骚扰保护法第2条的规定,雇主负有义务保障受雇人于工作场所免于受到性骚扰,这种保护义务包含预防性措施。该法规定了三个法律机制:一是受性骚扰人的权利机制。受性骚扰人有权提出申诉,如果该事实确实发生,而雇佣人未采取必要之措施,或所采取之措施"显然不适当",被性骚扰者为避免性骚扰再度发生,得停止工作,而其工资并不受任何影响。二是雇主义务机制。雇主负担下列义务:审查申诉性骚扰案件;采用适当措施,避免重复发生性骚扰行为;禁止对受性骚扰者有任何不利益之处分。三是雇主的教育义务。为预防工作场所性骚扰之发生,雇主应于适当场所陈列本法条文,并供阅览。对于人事行政人员与主管人员等之教育课程中有教导义务。德国《一般平等待遇法》第14条规定了雇主防治性骚扰义务及受害劳动者的抗辩权，雇主未采取或采取明显不适当之措施，以禁止工作上之骚扰或性骚扰者，该受雇人于保护必要时，得不丧失工资请求权而停止工作。[1]

3. 日本工作场所性骚扰：工作场所性骚扰行为 + 雇主防治性骚扰行为

日本区分工作场所性骚扰行为与雇主防治性骚扰行为。日本民法典中未规定"性骚扰"的概念，[2]工作场所性骚扰行为在司法实践中被认定为人格侵权行为。判例普遍认为，性骚扰行为作为对人格权的侵害，具备了不法行为的成立要件。[3]司法实践中具体援引日本民法第709条的规定，该条规定："因故意或过失侵害他人权利者，对于因之所生之损害负赔偿责任。"此外，受雇人执行职务之际若发生性骚扰，雇主应否负责？是否适用日本民法典第175条的替代责任及第40条的法人责任则有不同的观点。[4]

日本1999年施行的《男女雇用机会平等法》中确立了雇主防治性骚扰的法定义务，该法第21条第2项规定："雇主应于雇佣管理上为必要之照扶，使遭受职场性的言语动作之女性劳动者不致于因其对应情形而受劳动条件之不利益，或使该当女性劳动者的就业环境不致于因该性的言语动作而受害。"第3项规定："劳动大臣基于前项规定制定雇主应注意之事项。"2006年修订的《男女雇用机会平等法》改变了过去只针对女性的性骚扰行为，此次修正后，无关男女在雇用管理上请求必要的措施是事业主的义务。[5]依据日本劳动行政部门发布的《雇主对于因职场上之性方面言语、行为问题，在雇用管理上应注意事项之指导方针》的规定，雇主雇佣管理上照扶义务的内容包括：一是

---

[1] 参见林佳和："2006年德国一般平等待遇法——劳动法领域平等贯彻的新契机?"，载《成大法学》2008年第1期。

[2] 日本1999年施行之《男女雇佣机会平等法》第21条第1项规定，本法所规定之性骚扰概念，系有关整个职场环境之服务纪律之概念，与损害赔偿事件中相关之侵权行为、债务不履行不同。因此，前述日本《指针》中关于利益交换型性骚扰与敌意环境型性骚扰的概念并不适用于司法实践对于性骚扰的判定，工作场所性骚扰行为在日本司法实践中属于人格侵权行为。

[3] 田思路："日本职场性骚扰的法律规制"，载《日本研究》2010年第2期。

[4] 刘志鹏："'两性工作平等法'草案'整合版'所定职场性骚扰之研究——以日本法制为比较对象"，载《月旦法学杂志》2001年第4期。

[5] [日]盛诚吾："日本男女雇佣平等立法的发展"，侯岳宏译，载《月旦法学杂志》2010年第6期。

雇主方针之明确化及将方针周知。例如，于企业内刊物或教育资料上记载，于规定工作纪律之文书上记载，于工作规则中记载有关职场性骚扰事项。二是咨询、申诉之处理。三是职场发生性骚扰后迅速且适当之处理。据日本学者之见解，《男女雇用机会平等法》第21条规定雇主雇用管理上照扶义务的意义在于：雇主应采取以防止性骚扰为目的的雇用管理措施。易言之，使女性劳工之劳动条件及工作环境不致于因性骚扰而受侵害。雇主怠于履行此项义务，劳动大臣或都道府县女性少年室长得依照本法第25条要求雇主说明，或于必要范围内进行协助、指导或劝告等行政指导。[1]依据日本学界通说，第21条照扶义务仅是课予雇主努力义务，受害劳工不得直接援引本条作为起诉之根据。受害劳工仍须援引日本民法侵权行为规定、债务不履行规定求偿。此际，雇主若举证已尽本项义务，有可能免除日本民法第715条之连带赔偿责任。[2]

四、工作场所性骚扰行为的多元化法律规制：从就业歧视到人格侵权

（一）工作场所性骚扰行为的多元法律规制及其实施机制

1. 工作场所性骚扰行为的多元法律规制

工作场所性骚扰行为经历了从就业性别歧视到人格侵权的演变过程。工作场所性骚扰行为是指在工作场所（职场）发生的性骚扰行为，是在工作过程中发生的，与工作有关或由工作产生的性骚扰行为。[3]工作场所（职场）是劳动者履行劳动给付义务的场所，是指雇主所雇佣之劳工遂行其业务之场所，但该当劳工于通常就业场所以外之场所，如为该当劳工遂行其业务之场所，亦属之。[4]性骚扰是指违反他人意愿的、具有性本质内容的、侵犯他人人格尊严的行为。[5]工作场所性骚扰行为受到多元法律规制，形成多重法律

---

[1] 刘志鹏：" '两性工作平等法'草案'整合版'所定职场性骚扰之研究——以日本法制为比较对象"，载《月旦法学杂志》2001年第4期。

[2] 刘志鹏：" '两性工作平等法'草案'整合版'所定职场性骚扰之研究——以日本法制为比较对象"，载《月旦法学杂志》2001年第4期。

[3] 本书编定组编著：《消除工作场所性骚扰指导手册》，中国工人出版社2020年版，第5页。

[4] 刘志鹏：" '两性工作平等法'草案'整合版'所定职场性骚扰之研究——以日本法制为比较对象"，载《月旦法学杂志》2001年第4期。

[5] 靳文静："性骚扰法律概念的比较探析"，载《比较法研究》2008年第1期。

关系。

首先,实施工作场所性骚扰的行为人与受害人之间形成人格侵权法律关系。工作场所性骚扰行为侵犯了人格权,受到《民法典》第1010条第1款的规范,属于人格侵权行为。

其次,实施工作场所性骚扰的行为人与国家之间形成行政法律关系甚至是刑事法律关系。工作场所性骚扰行为如果严重到损害社会公共利益的程度,那么会在行为人与国家之间产生公法关系,从而受到行政处罚甚至是刑事制裁。《治安管理处罚法》第42条和第44条将性骚扰行为纳入行政处罚的范围。2017年修订后的《刑法》第237条规定了强制猥亵、侮辱罪,以暴力、胁迫或者其他方法强制猥亵他人或侮辱妇女的,处5年以下有期徒刑或者拘役。

最后,实施工作场所性骚扰的行为人与用人单位之间存在劳动合同关系。行为人实施工作场所性骚扰行为,违反了劳动合同附随义务,违反了劳动纪律和职业道德,用人单位可以依据劳动规章制度和劳动合同法的规定给予惩戒。劳动者的附随义务可称之为忠诚义务,其意旨为劳动者应尽注意义务提供劳务,并忠实维护雇主合法利益。[1]我国《劳动法》第3条规定,劳动者应当遵守劳动纪律和职业道德的法定义务。《劳动合同法》第29条规定了全面履行原则,用人单位与劳动者应当按照劳动合同的约定,全面履行各自的义务。不得从事性骚扰行为属于劳动者附随义务的范围,劳动者违反附随义务的,雇主可以给予警告,或依据劳动合同法对有过失的劳动者予以解雇。如果劳动者严重违反附随义务而造成雇主之损害者,雇主得依据民法加害给付之规定,向劳动者请求损害赔偿。[2]

2. 工作场所性骚扰行为法律规范的多元化实施机制

多元化法律规制产生多元化实施机制。工作场所性骚扰行为的法律规范在司法救济、行政处罚或刑事惩戒之外,还包含用人单位内部实施机制、工会实施机制、妇联实施机制等社会实施机制。

---

[1] 黄越钦:《劳动法新论》,中国政法大学出版社2003年版,第175页。

[2] 台湾劳动法学会编:《"劳动基准法"释义——施行二十年之回顾与展望》,新学林出版股份有限公司2009年版,第113~114页。

首先是用人单位内部实施机制。用人单位可在劳动规章制度中将工作性骚扰行为列为违反劳动纪律的行为，设置各种内部申诉管道，通过用人单位内部各种机制，来解决和处理性骚扰这类新兴的劳资争议。用人单位根据劳动规章制度和劳动合同法的规定，可以对行为人给予警告、减薪、调动、降职、停职、免职、惩戒解雇等制裁。

其次是工会实施机制。按照《工会法》和《劳动法》的规定，维护职工合法权益是工会的基本职责。工会可以代表劳动者与用人单位签订带有工作场所性骚扰条款的集体合同。工会在处理工作场所性骚扰争议中应扮演着重要角色，它一方面代理遭受性骚扰的劳动者向用人单位提出申诉，但另一方面它又代理被控性骚扰的劳动者，在他（她）们可能因这类事件被惩戒时，保障其基本权益不致受损。按照全国总工会的要求，各级工会应当加强源头参与，积极推动和参与法律政策的制定、工作场所性骚扰状况的调查以及监督企业建立预防和制止性骚扰的制度机制；要参与并监督企业机制的实施；为工作场所性骚扰受害者维权提供支持，并为职工和知情者应对可能存在的性骚扰提供专业的法律指导。[1]

最后是妇联实施机制。《妇女权益保障法》第40条规定："禁止对妇女实施性骚扰。受害妇女有权向单位和有关机关投诉。"《妇女权益保障法》对性骚扰的法律规定本身并未产生新的权利义务关系，而只是增加了处理性骚扰行为的新机制。妇联组织对性骚扰行为以及防治性骚扰行为行使法律监督权，妇联组织帮助、支持该群体成员维护合法权益。全国妇联通过立法提案促进关于禁止性骚扰的立法，并通过设立"妇女维权专项法律援助基金"、妇女维权热线等方式，支持遭受性骚扰的妇女依法维权。

（二）工作场所性骚扰行为的构成要件

工作场所性骚扰行为是在工作场所发生的性骚扰行为。因此，除了行为发生地是在工作场所外，工作场所性骚扰行为的构成要件与其他类型性骚扰行为的构成要件是一样的，需要符合侵权行为的一般构成要件，遵守相同的

---

[1] 刘小楠、黄周正："在人权视野下构建工作场所性骚扰防治机制——'北京+25'回顾与展望"，载《人权》2020年第2期。

因果关系判断。下面阐释行为要件、主观要件、侵害后果这三个构成要件。

1. 行为要件：性本质行为

性骚扰是具有性本质的行为，表现为具有性本质的肢体行为、言语行为以及文字、图像等非言语行为。这些言行举止可以分为两类：一类是意图获取性利益的具有性本质的行为。例如，行为人以手触摸被害人之臀部、大腿、胸部，或是以下体碰触被害人肩膀，或强吻等，均属于这类行为。另一类是实施戏弄、威胁、恐吓、攻击等具有与性或性别有关的敌意行为。例如，开黄腔或调戏的言语与肢体动作，或贬损、侮辱、攻击特定生理性别（如女性），或性倾向（如同性恋者）之人的言行举止，皆属于这类行为。[1]

2. 主观要件：违背他人意愿

性骚扰行为表现多样，致人伤害不一，但均是从主观上无视受骚扰者尊严的存在，侵犯他人的人格尊严。[2]性骚扰行为属于违背受害人主观意愿的行为，行为人具有主观过错。违背意愿是一个主观感受，通常由每一个个人决定那种行为是否受她（他）欢迎，是否会触犯她（他）或不触犯她（他）。

3. 侵害后果：造成不受欢迎的骚扰

性骚扰行为除了违背主观意愿之外，还需要造成不受欢迎的骚扰这一侵害后果。中华全国总工会发布的《消除工作场所性骚扰指导手册》认为，性骚扰行为包括三个关键要素，分别是不受欢迎的行为、与性有关的行为、理性的人会预期到这种行为可能使人感到被冒犯、侮辱或威胁。[3]"不受欢迎"是可以客观化的概念。以何人之感受为标准认定不受欢迎呢？主流观点认为，应以一般人的客观标准加以判断为宜，以一名合理的人在顾及所处情境后加以判断，会预期该受害人会感到受冒犯、侮辱或威吓。合理第三人标准是一个可以采用的认定标准，系以一般合理第三人之客观感受较具客观性，不会

---

[1] 王如玄、李晏榕："认识'性骚扰'——从'性骚扰防治法'、'两性工作平等法'与'性别平等教育法'谈起"，载《检察新论》2007年第1期。

[2] 张绍明：《反击性骚扰》，中国检察出版社2003年版，第136页。

[3] 本书编写组编著：《消除工作场所性骚扰指导手册》，中国工人出版社2020年版，第5页。刘小楠、黄周正："在人权视野下构建工作场所性骚扰防治机制——'北京+25'回顾与展望"，载《人权》2020年第2期。

因接受系争言词或行为者之不同感受而有不同的认定结果。[1] 而在具体个案中，应视被害人之性别，而分别采取一般合理男性或合理女性之标准。详言之，所谓一般"合理男性"或"合理女性"之标准，系指一个理性、中庸的男人或女人，若身处与受害人相同之情境，其是否认定行为人之行为为性骚扰，以及其对该行为的反应。[2]

（三）工作场所性骚扰行为应由性骚扰行为人承担法律责任

1. 工作场所性骚扰行为不应由用人单位承担替代责任

很多学者主张应由用人单位承担工作场所性骚扰行为的替代责任，核心的理由在于工作场所性骚扰行为具有一定的职务关联性。有学者认为，在雇主所属的其他受雇人，包括雇主所属的管理监督阶层和其他雇员，在执行职务中对雇员进行性骚扰的，雇主应当承担替代责任。雇主承担侵权责任之后，可以向有过错的性骚扰行为人追偿。[3] 笔者研究认为，工作场所性骚扰行为不应由用人单位承担替代责任。首先，工作场所性骚扰行为绝非执行工作任务的职务行为。用人单位不可能授权工作人员对第三人进行性骚扰。工作场所性骚扰行为之所以发生，大多数是由行为人自己的道德水平、心理因素等原因所致，不可能出于用人单位的授权。因此，用人单位工作人员的性骚扰行为应属于个人行为而非职务行为。其次，工作场所性骚扰行为即便存在用人单位的工作人员利用执行工作任务的机会的情形，但是这些超出授权范围的行为不可能与执行工作之间有内在关联性与客观关联性。用人单位既不可能事先审查工作人员的人格、操守，也无未尽选任、管理、监督义务的问题，因而用人单位自应不负赔偿责任。在工作人员以故意侵权行为加害他人时，该加害行为必须是用人单位可预期的行为，用人单位对无法预防并内化为经营成本的事由不应承担替代责任。性骚扰行为与职务执行不具有密切关联性，用人单位无法预测性骚扰行为发生的概率，并计算可能的成本，进而内化经营成本，也没有可能为此投保责任险。王泽鉴教授也认为，性骚扰均由于行

---

[1] 郑津津："敌意环境性骚扰的认定"，载《月旦法学教室》2007年第4期。

[2] 王如玄、李晏榕："认识'性骚扰'——从'性骚扰防治法'、'两性工作平等法'与'性别平等教育法'谈起"，载《检察新论》2007年第1期。

[3] 杨立新、马桦："性骚扰行为的侵权责任形态分析"，载《法学杂志》2005年第6期。

为人私生活不检所致,显与其执行职务无关,此类在工作场所环境的性骚扰,难以民法雇用人责任为合理的规范。[1]工作场所性骚扰雇佣人不应就受雇人之性骚扰行为负连带损害赔偿责任。[2]最后,对于工作场所性骚扰行为,如果实行替代责任会将用人单位置身于旁观者的角色,并增加了诉讼的复杂性与诉累。用人单位的替代责任本质上属于代负责任,用人单位并不是基于自己的行为而承担责任,而是为其工作人员的行为负责。用人单位承担侵权责任后,可以向有故意或重大过失的工作人员追偿。因此,侵权后果的最终承担者始终还是加害行为人。对工作场所性骚扰行为实行替代责任虽然有利于保障受害人得到赔偿,但是并不能起到遏制工作场所性骚扰行为的效果。相反,用人单位为了避免承担替代责任,以此为名大肆侵害劳动者的个体隐私,甚至为避免承担替代责任而雇佣同一性别的劳动者,以降低承担替代责任的风险与可能性。

2. 工作场所性骚扰行为不应由用人单位承担连带责任

有学者认为,在工作场所性骚扰行为的侵权责任中,行为人和用人单位应承担连带侵权责任。对于连带责任的承担基础,有两种观点:一种基于用人单位没有善尽工作场所的劳动者保障义务的过失。对职场性骚扰确定的是雇主与行为人承担连带责任,而不是替代责任。连带责任有助于对行为人的惩罚,同时也兼顾了对雇主的制裁。[3]另一种是基于雇主与性骚扰侵权行为人的共同侵权。雇主的直接故意、间接故意或过失行为与直接行为人的故意行为相结合,致使本该得到制止的性骚扰行为继续,雇主要与直接行为人承担连带责任,除非雇主尽到防治义务才可以免责。[4]笔者研究认为,两个以上的主体承担连带责任,应当构成共同侵权行为或者法律另有特别规定,否则不能承担连带责任。对于工作场所性骚扰行为,雇主和实施性骚扰的受雇

---

[1] 王泽鉴:"雇用人侵权行为",载谢哲胜等:《雇用人的侵权责任》,元照出版公司2017年版,第152页。

[2] 邱琦:"工作场所性骚扰民事责任之研究",载《台大法学论丛》2005年第2期。

[3] 杨立新、张国宏:"论构建以私权利保护为中心的性骚扰法律规制体系",载《福建师范大学学报(哲学社会科学版)》2005年第1期。

[4] 曹艳春、刘秀芬:《职场性骚扰雇主责任问题研究》,北京大学出版社2016年版,第136~141页。

者之间不会存在共同故意,也不会存在共同过失,因此不会构成共同侵权行为,不应承担连带责任。同时,法律也没有明确规定这种情形应当承担连带责任,因而没有适用连带责任的法律基础。

3. 工作场所性骚扰行为应由行为人承担直接责任

按照双阶段两行为理论,性骚扰行为人与用人单位应当各担其义各负其责,各自履行自己的法律义务,各自承担相应的法律责任。用人单位的防治行为与性骚扰人格损害后果之间不具有因果关系,是性骚扰行为造成了受骚扰人的人格损害,而不是用人单位的防治行为造成了性骚扰人格损害。作为人格侵权的工作场所性骚扰行为,性骚扰行为人和法律责任承担人都是同一的,性骚扰行为人应对自己实施的过错行为直接承担侵权法律责任。《民法典》第1010第1款确立了行为人的直接责任,因而工作场所性骚扰行为不应适用用人单位的替代责任。在目前法院受理审理的性骚扰案件的判决中,所适用的都是性骚扰行为人的直接责任,而非用人单位的替代责任。

用人单位无需承担工作场所性骚扰行为的替代责任,但是其应当承担自己的义务及其法律责任。如果用人单位没有尽到防治义务致使性骚扰行为与工作之间产生了实质上的有害联系,导致受害劳动者有形或无形工作利益的损失,用人单位应当为自己防治性骚扰不力的行为承担直接责任。用人单位没有能力阻却每一个工作场所性骚扰行为的发生,但是有能力确保每一个工作场所性骚扰行为与工作之间不发生有害的联系。用人单位基于防治行为所承担的法律责任是一种自己责任,而非替代责任。用人单位承担法律责任的行为基础,不是工作场所性骚扰行为,而是防治性骚扰行为。换言之,使用人单位承担法律责任的,不是性骚扰行为损害受害人的人格利益,而是其未能有效防治性骚扰而损害了劳动者有形或无形的工作利益。

五、用人单位防治性骚扰行为的多层次法律规制:从旁观者到行动者

(一)用人单位防治性骚扰义务的确立及其多层次内容

1. 确立用人单位防治性骚扰的法定义务

用人单位防治性骚扰行为经历从依附于性骚扰行为的抗辩事由到法定独立义务的演变过程,用人单位积极防治性骚扰行为被确立为法定的独立义务,

用人单位的角色从旁观者变成行动者。工作场所性骚扰这一法律现象中包含着工作场所性骚扰行为与用人单位防治性骚扰行为这一双阶段两行为，用人单位实施积极防治工作场所性骚扰行为，才是工作场所性骚扰防治立法的主要目的。根据国外经验，雇主积极履行防治性骚扰防范义务才是阻遏和防范性骚扰行为、救济受害人权利的最有效的手段。雇主最有能力防杜工作场所性骚扰这类事件发生，或即使发生也可以迅速寻求让相关当事人满意的解决方式，这对行为人具有更强的拘束力。[1]工作场所性骚扰的法律规制逐渐跳出在性骚扰行为的法律关系中加入雇主的思维束缚，不再在人格侵权的性骚扰行为中加入雇主使其承担替代责任，而是发现新的行为理论，构建新的法律关系。用人单位的角色跳出替他人担责的旁观者，转变为真正的行动者。

2. 用人单位防治性骚扰义务的多层次内容

用人单位防治性骚扰行为是一个机制性义务，用人单位应制定一套体系化的性骚扰防治机制，内含多阶段多层次的义务内容。按照逻辑顺序划分，用人单位防治性骚扰行为可以分为预防性阶段、回应性阶段与工作利益受损阶段，各阶段对应相应的义务内容。

第一是预防性阶段，这是作为劳动规章制度的防治性骚扰行为。性骚扰行为属于违反劳动纪律的行为，用人单位应在劳动规章制度中订立性骚扰防治措施、投诉与惩戒办法，在工作场所公开揭示，并予以宣传教育。

第二是回应性阶段，这是作为性骚扰处理机制的防治性骚扰行为。用人单位在获悉性骚扰行为发生时，应立即采取适当及有效的纠正与补救措施，处理已经发生的性骚扰行为。对于实施性骚扰行为的劳动者，用人单位可以依据劳动规章制度给予惩戒，包括解雇、降职、调岗、减少待遇报酬等。

第三是工作利益受损阶段，这是作为造成工作利益损害后果的防治性骚扰行为。用人单位不得基于性骚扰行为而对受害劳动者给予任何不利益处分，不得基于性骚扰行为而对受害劳动者为不利雇佣行为。用人单位未能尽到防治义务导致受害劳动者工作利益受损害的，损害赔偿的内容主要是因防治性

---

[1] 谢棋楠："工作场所性骚扰防治措施申诉及惩戒办法订定准则探讨：美国法之经验"，载《法学新论》2010年第5期。

骚扰行为不当带来的解雇、降职、减薪等有形工作利益的减损以及工作环境恶化等无形工作利益的损失。

(二) 第一层次的法律规制：基于预防目的而内嵌于劳动合同附随义务

1. 法理依据：提供正常履行劳动给付的劳动条件

劳动合同的履行应当具备正常的工作条件。预防性骚扰行为的发生属于用人单位保护照顾附随义务的内容。预防是消除工作场所性骚扰行为的有效方法，用人单位应通过劳动规章制度来预防工作场所性骚扰行为的发生。建立并实施预防工作场所性骚扰行为的制度性举措不仅是用人单位承担劳动合同附随义务的外在需要，也是用人单位的内在需要，是其经营自主权的具体体现。在预防性阶段，预防行为是内嵌于劳动合同附随义务之中，尚未独立化。性骚扰行为人最担心的不一定是性骚扰诉讼，而是自己的工作。用人单位是最容易也最有能力了解到性骚扰行为的真实情况，并根据具体情况对行为人作出处罚，如降职、降薪、调离、辞退等。这些处分直接涉及行为人的切身利益和发展前途，相对于诉讼来说，对行为人有更强的拘束力。

2. 我国《劳动合同法》应规范作为附随义务的工作场所性骚扰防治行为

第一，应当在《劳动合同法》总则中增加用人单位预防性骚扰行为的规定。《劳动合同法》总则第4条中应将工作场所性骚扰行为纳入劳动纪律的范围，并在劳动规章制度中规定合理的预防、投诉、处置等措施，预防和制止性骚扰行为。

第二，应当在《劳动合同法》第3章"劳动合同的履行和变更"中增加性骚扰行为发生后用人单位处置不当的履行抗辩权。《劳动合同法》第32条可以增加一款："当发生工作场所性骚扰行为时，遭受性骚扰的劳动者有权向用人单位提出申诉，请求用人单位依法处理。用人单位未采取措施，或者采取措施不适当，不足以阻止工作场所性骚扰行为再度发生的，遭受性骚扰的劳动者可以停止工作，但以保护其免于遭受再次性骚扰所必要者为限。用人单位应当支付劳动者停止工作期间的工资。"

第三，应将工作场所性骚扰行为纳入劳动合同解除的法定事由。《劳动合同法》第38条应将用人单位未采取适当措施防治性骚扰的情形纳入到劳动者解除劳动合同的法定事由。《劳动合同法》第38条可以增加一项内容，即当劳动者遭受工作场所性骚扰行为,用人单位未能采取适当措施保障劳动者在工作时免于遭受性骚扰,经通知用人单位改善工作环境,用人单位未能及时消除性骚扰行为,劳动者可以不经预告而解除劳动合同。《劳动合同法》第39条可以增加一项内容,即劳动者在工作场所或者履行工作时实施性骚扰行为的,用人单位可以解除劳动合同。

(三) 第二层次的法律规制:基于切断工作联系而设立的法定独立义务

1. 法理依据:切断性骚扰行为与工作之间的联系

单纯预防并不足以遏制性骚扰行为,必须得切断工作场所性骚扰行为与工作之间的有害联系。设定用人单位防治义务的目的是切断性骚扰行为与工作之间的有害联系,避免因性骚扰行为而引发受害劳动者的劳动条件遭受不利益或工作环境遭受损害。用人单位作为经营场所的财产权人,其有能力也有责任承担这个法定义务。日本《男女雇佣机会平等法》对防治性骚扰义务的法理基础阐释得非常清楚,该法第21条第2项规定:"雇主应于雇佣管理上为必要之照扶,使遭受职场性的言语动作之女性劳动者不致于因其对应情形而受劳动条件之不利益,或使该当女性劳动者的就业环境不致于因该性的言语动作而受害。"雇主在雇佣管理上照扶义务之意义在于:雇主应采取以防止性骚扰为目的之雇佣管理措施,易言之,使女性劳工之劳动条件及工作环境不致因性骚扰而受侵害。[1]无论是有形工作利益的减损,还是无形敌意工作环境的形成,都是由用人单位的作为与不作为行为所造成的,并非由性骚扰行为直接造成的。附随义务论无法解决工作利益损害问题,用人单位承担防治性骚扰义务必须要寻找到新的法理依据,这个法理依据就是切断性骚扰行为与工作之间的有害联系,用人单位有能力确保工作场所性骚扰行为不与工作之间发生有害联系。如果用人单位没有切断性骚扰行为与工作之间的有害联系,由此给劳动者造成工作利益损害的,应当承担相应的法律责任。

2. 法定独立义务的两种法律实现路径

第一,劳动基准路径。防治工作场所性骚扰行为被认为是雇主提供职业安全卫生的工作环境的组成部分,这是作为劳动基准的公法义务。黄越钦教

---

[1] [日]荒木尚志:《日本劳动法》,李坤刚、牛志奎译,北京大学出版社2010年版,第88页。

授认为，健康的工作环境是指完全的身心舒适与幸福感，不仅限于没有病痛，还包括在工作时劳工身体上与心理上是否舒适。[1]劳动者免受职场性骚扰的伤害属于工作环境权保护的范畴。[2]用人单位未能履行防治工作场所性骚扰的法定义务，违反了劳动基准，构成对劳动者工作环境权的侵犯。

第二，促进工作平等路径。防治工作场所性骚扰行为被纳入平等法中的工作平等促进义务范畴，作为两性工作平等的促进措施对职场性骚扰予以规制。防治工作场所性骚扰是以保护弱势性别劳工之实质工作权与平等权为基础，使其在与雇主之私法劳动关系中，避免其遭受到对其平等就业基本权利之侵犯，而立法促使雇主在企业组织内给予其获得防治程序存在之程序保障以及争议发生后之事后救济之权利，而使弱势性别劳工不单可以使其人格权受保护，在工作场所性骚扰防治中，更可以促进其工作平等权之实现。[3]

3. 我国应在《劳动法》"女职工特殊保护"中规范用人单位防治性骚扰行为

第一，用人单位防治性骚扰义务不宜规定在《劳动法》"劳动安全卫生"部分。原因在于：其一，劳动安全卫生义务针对的是劳动者的物理性人身损害，而防治性骚扰义务针对的是劳动者的工作利益损害。劳动安全卫生是基于劳动者生命和身体健康而设定的法定义务。但是，性骚扰行为是人格侵权而非物理性人身损害，性骚扰行为存在明确的侵权主体，侵权责任及其责任形式也非常明确。其二，违反劳动安全卫生的损害后果可以通过工伤保险实行社会化分担，而工作场所性骚扰所造成的损害后果目前尚无法纳入工伤保险的赔付范围。其三，劳动安全卫生义务在各行各业都有明确的、可操作的具体标准，而用人单位防治性骚扰义务无法通过物理技术手段将其分解为若干具体的、可操作性的适用标准。

第二，用人单位防治性骚扰义务应作为性别平等促进措施在《劳动法》

---

[1] 黄越钦：《劳动法新论》，中国政法大学出版社2003年版，第433页。
[2] 问清泓："反性骚扰立法研究——以劳动法为新视野"，载《华中师范大学学报（人文社会科学版）》2007年第1期。
[3] 谢棋楠："工作场所性骚扰防治措施申诉及惩戒办法订定准则探讨：美国法之经验"，载《法学新论》2010年第5期。

"女职工特殊保护"部分予以规定。我国目前没有制定专门的《性别工作平等法》,也没有出台《反就业歧视法》,但是各国或地区《性别工作平等法》中通常包含的禁止性别就业歧视、工作平等促进措施、防治工作场所性骚扰这三个部分的内容都已经分散在相关法律法规之中,其实质内容都已被纳入劳动法的相关法律制度之中。禁止就业性别歧视这部分内容被规定在《劳动法》和《就业促进法》中,如《就业促进法》第三章"公平就业"禁止基于民族、种族、性别、宗教信仰、残疾、传染病病原携带者、农村劳动者等七种归类因素所产生的就业歧视行为。工作平等促进措施这部分内容规定在《劳动法》第七章"女职工和未成年工特殊保护"中,主要包括女性禁忌劳动和产假。防治工作场所性骚扰这部分内容也已纳入2012年国务院颁布的《女职工劳动保护特别规定》。当前应当提升防治工作场所性骚扰这部分内容的立法层次,将这一法定义务规定在《劳动法》"女职工特殊保护"部分,并予以具体化。2018年基本劳动标准法被列入十三届全国人大常委会的五年立法规划。《劳动法》第四章至第七章关于工作时间和休息休假、工资、劳动安全卫生、女职工和未成年工特殊保护等方面的劳动保护属于基本劳动标准法的制度范围。由此,防治工作场所性骚扰应当被纳入基本劳动标准法的制度内容。

第三,防治工作场所性骚扰的制度内容。按照国际社会的经验总结,雇主防治性骚扰行为的内容一般应包括:①发布一项书面禁止工作场所性骚扰事件之政策声明;②加强教育;③制定一套正式的申诉程序;④进行迅速、客观、完整而保守机密之调查;⑤应对调查结果采取合理之行动,如确有性骚扰发生,则应对受害人给与补偿,并严防此类事件再度发生或有报复之情形。对触犯者应依据情节之严重情况,给予不同等级之惩戒处分,但对诬陷或挟怨报复之情形,也应明确加以处理。[1]我国有些地方性规章对防治性骚扰行为的制度内容做了有益探索,例如《江苏省女职工劳动保护特别规定》第19条规定:"用人单位应当采取下列措施预防和制止对女职工的性骚扰:①制定禁止劳动场所性骚扰的规章制度;②开展预防和制止性骚扰的教

---

[1] 参见焦兴铠:"'两性工作平等法'中性骚扰相关条款之解析",载《律师杂志》2002年第4期。

育培训活动；③提供免受性骚扰的工作环境；④畅通投诉渠道，及时处理并保护当事人隐私；⑤预防和制止对女职工性骚扰的其他措施。"

（四）第三层次的法律规制：基于差别待遇而外化于禁止就业歧视义务

1. 法理依据：禁止就业歧视

用人单位未能有效防治性骚扰行为将会给受害劳动者造成有形或无形的工作利益损害，如果这些工作利益损害构成基于性别的差别待遇，符合就业歧视的构成要件，那么可以通过法律解释将其视为就业歧视行为。前述美国工作场所性骚扰防治制度，系其法院基于雇主负有不得就业歧视之义务，而以判例法方式建构出工作场所性骚扰为就业歧视之一种样态，性骚扰之发生会使雇主构成就业歧视之行为，而使雇主负担责任。[1]

2. 用人单位违反防治义务与就业歧视产生法律竞合

在我国，用人单位违反防治性骚扰义务可能会与就业歧视形成法律竞合。法律上的就业歧视概念是用来救济某些社会类属概念的不当运用或错误运用。一种就业歧视行为必须足以证明具有某种社会类属的群体特质，而不是个人独有的或个人品质的问题。但就业歧视又得透过对个人的伤害来呈现。[2]工作场所性骚扰行为本身不是就业性别歧视，即便是源于歧视动机，这种个人歧视不能视为公司的雇佣政策，因而不能把性骚扰行为简化为性别歧视的正当诉因，性骚扰行为本身并不构成就业歧视。但是受害劳动者因为拒绝性骚扰行为而遭到有形工作利益的减损或者被处于无形敌意环境，此时行为的主体由性骚扰行为的自然人转换为用人单位，因而具备了就业歧视的主体要件。如果受害劳动者能够再进一步证明其个体遭受的解雇、降级、敌意工作环境等不利雇佣是基于法律禁止的归类因素所造成的差别待遇，性要求等同于一种对上司及公司的额外负担，是继续获得任用所付出的额外条件，并且这种影响工作条件的行为与性别存在因果关系。此时，用人单位违反防治义务的行为同时也构成就业性别歧视，同一违法行为构成两个法律责任的构成要件，

---

[1] 谢棋楠："工作场所性骚扰防治措施申诉及惩戒办法订定准则探讨：美国法之经验"，载《法学新论》2010年第5期。

[2] [美]凯瑟琳·麦金侬：《性骚扰与性别歧视——职业女性困境剖析》，赖慈云、雷文玫、李金梅译，时报文化出版企业有限公司1993年版，第147页。

形成法律竞合。

(五) 用人单位防治性骚扰义务的法律性质及其违法后果

1. 用人单位防治性骚扰行为属于公法义务

用人单位防治性骚扰义务是《劳动法》"女职工特殊保护规定"基于促进工作平等而设置的法定义务，是国家通过法律法规，要求用人单位采取与其能力相称的适当措施来防治劳动世界中的性骚扰行为，这种防治关系是国家与用人单位之间的公法关系，防治性骚扰义务是用人单位对国家承担的公法义务。笔者研究认为，用人单位在劳动规章制度中建立防治工作场所性骚扰的制度举措、开展防治工作场所性骚扰的教育培训以及及时采取措施处理性骚扰行为，这些都是用人单位应承担的公法义务，用人单位违反这些义务应承担行政责任。用人单位如果没有建立规章制度防治性骚扰，未能及时处理性骚扰事件，劳动行政部门可以责令改正，并处以一定数额的罚款。但是对于第三阶段的工作利益损害，即用人单位处理性骚扰行为是否适当、是否给受害劳动者带来工作利益的损害则不宜行政介入，应减少行政机关外力介入企业组织内部制度及其运行。如果劳动者认为用人单位未能尽到防治义务给其造成工作利益损害的，可以交由司法作出裁判。对于用人单位防治性骚扰义务的具体实施，日本采取行政指导的做法值得我们借鉴。日本所采用的规范方式极为宽松，仅课予雇主在雇佣管理上之照扶义务，并授权由劳动省制定指针，指导雇主采取性骚扰防治措施。[1]

2. 用人单位违反防治性骚扰义务的私法效果

第三阶段的工作利益损害赔偿是用人单位违反防治性骚扰义务的私法效果，劳动者因用人单位违反防治性骚扰义务，而致工作利益受有损害的，用人单位承担损害赔偿责任。这一私法效果的法律规定就可以对接《民法典》第1010条第2款，第2款中未能明示的民事权益及其法律责任能够在这里得到展示，即这是不同于第1款所保护的人格利益，其所保护的乃是有形或无形的工作利益。这种工作利益不宜由民法典直接规定，而是经由民法典架设

---

[1] 刘志鹏："'两性工作平等法'草案'整合版'所定职场性骚扰之研究——以日本法制为比较对象"，载《月旦法学杂志》2001年第4期。

的通往劳动法的桥梁，通过劳动法和民法典的分工合作而得到完整保护。此外，用人单位违反防治性骚扰义务构成侵权责任，这会与违反劳动合同附随义务、违法解除、就业歧视等产生法律竞合。[1]

第一是违反防治性骚扰义务与违反劳动合同附随义务形成法律竞合。在回应性阶段，用人单位如果尚未尽到防治性骚扰义务，用人单位不仅违反了法定的防治义务，也违反了劳动合同附随义务，由此产生了侵权责任与违反附随义务的劳动合同责任的法律竞合。这种情形应属于法条竞合。劳动合同附随义务所产生的请求权因具有特别性，而排除侵权请求权规范的法律适用。

第二是违反防治性骚扰义务与违法解除、违法调岗等形成法律竞合。在工作利益损害阶段，用人单位违反防治性骚扰义务致使劳动者遭受解雇、降职降级、敌意工作环境等有形或无形的工作利益损失。侵权责任有时会与劳动合同中的违法解除、违法调岗等法律责任相竞合。这种情形应属于选择性竞合，当事人可以择一行使，不得再主张其他的请求权。

第三是违反防治性骚扰义务与就业歧视的法律竞合。用人单位违反防治义务给劳动者带来解雇、降职降级、敌意工作环境等有形或无形的工作利益损失，如果这些工作利益的损失构成基于性别的差别待遇，则会形成侵权责任与就业性别歧视的法律竞合。这种情形应属于请求权聚合，侵权责任与就业歧视责任存在着请求权聚合。平等就业权的法益结构是人格尊严和就业机会的两位一体，[2]其中所包含的财产损失和精神损失属于不同的给付内容，二者与用人单位违反防治性骚扰义务所造成的工作利益损失相比，存在以不同的给付为内容的请求权，可以同时主张。

六、结论：建立健全民法典时代多元化多层次法律规制

《民法典》第1010条规范性骚扰行为和用人单位防治性骚扰行为，确立了法律规范工作场所性骚扰双阶段两行为的制度架构，架设了通往劳动法的桥梁。我国工作场所性骚扰的法律规制应采用双阶段两行为理论，工作场所

---

[1] 王泽鉴教授将法律规范的竞合归为四类：法条竞合、选择性竞合、请求权聚合和请求权竞合。参见王泽鉴：《民法思维：请求权基础理论体系》，北京大学出版社2009年版，第130~131页。
[2] 参见王显勇："论平等就业权的司法救济"，载《妇女研究论丛》2020年第2期。

性骚扰这一法律现象中包含着人格侵权和工作利益损害两个阶段，对应着工作场所性骚扰行为和用人单位防治性骚扰行为，形成了多元化多层次的法律规制。

工作场所性骚扰从单一行为裂变为工作场所性骚扰行为与用人单位防治性骚扰行为，二者各自具有相应的法律属性。工作场所性骚扰的法律规制历经原初形态的就业歧视模式、发展变态的结合论模式、趋势定态的分离论模式的演变历程。原初状态的法律解释论模式将工作场所性骚扰视为就业性别歧视，这是具有独特的自由雇佣的制度背景，不具有可复制性。发展变态的结合论模式将性骚扰行为与用人单位防治性骚扰行为合二为一，工作场所性骚扰被界定为损害工作利益的性骚扰侵权行为，这是一种无法逻辑自洽的立法论模式。趋势定态的分离论模式将工作场所性骚扰分为工作场所性骚扰行为与用人单位防治性骚扰行为，工作场所性骚扰行为是人格侵权行为，而用人单位防治性骚扰行为是平等法确定的法定独立义务。

建立健全民法典时代工作场所性骚扰的多元化多层次法律规制。工作场所性骚扰行为经历了从就业性别歧视到人格侵权的演变过程，受到民法典、治安管理处罚法、刑法、劳动合同法等多元化法律规制。工作场所性骚扰行为应由行为人承担直接责任。用人单位防治性骚扰行为从工作场所性骚扰行为中独立开来，从依附于性骚扰行为的抗辩事由转变为法定的独立义务，受到劳动合同法、劳动基准法、平等法等多层次的法律规制。用人单位防治性骚扰义务属于公法义务，但是具有私法效果。用人单位违反防治性骚扰义务构成侵权责任，有时会与违反劳动合同附随义务、违法解除劳动合同、就业歧视等法律责任发生法律竞合。

民法典时代的工作场所性骚扰已经裂变为工作场所性骚扰行为和用人单位防治性骚扰行为，性骚扰行为人和用人单位都是行为人而不是旁观者，各担其义、各负其责。这种见林、见树、见根的做法，应当是我们共同努力的方向。让我们向工作场所性骚扰宣战，卷起袖子，开始行动，为消除工作场所性骚扰、维护人格尊严、推动性别平等而努力。

参考文献

著作类

1. ［日］美浓部达吉：《公法与私法》，黄冯明译，中国政法大学出版社2003年版。

2. ［美］戴维·波普诺：《社会学》，李强等译，中国人民大学出版社2007年版。

3. ［美］托马斯·吉洛维奇等：《吉洛维奇社会心理学》，周晓红、秦晨等译，中国人民大学出版社2009年版。

4. ［美］凯瑟琳·麦金侬：《性骚扰与性别歧视——职业女性困境剖析》，赖慈云、雷文玫、李金梅译，时报文化出版企业有限公司1993年版。

5. 刘小楠主编：《反歧视法讲义：文本与案例》，法律出版社2016年版。

6. 李薇薇：《反歧视法原理》，法律出版社2012年版。

7. 李薇薇、Lisa Stearns 主编：《禁止就业歧视：国际标准和国内实践》，法律出版社2006年版。

8. 黄越钦：《劳动法新论》，中国政法大学出版社2003年版。

9. 蔡定剑、刘小楠主编：《反就业歧视法专家建议稿及海外经验》，社会科学文献出版社2010年版。

10. 阎天：《川上行舟——平权改革与法治变迁》，清华大学出版社2016年版。

11. 汤维建等：《群体性纠纷诉讼解决机制论》，北京大学出版社 2008 年版。

12. 本书编写组编著：《消除工作场所性骚扰指导手册》，中国工人出版社 2020 年版。

13. 王福华：《民事诉讼基本结构——诉权与审判权的对峙与调和》，中国检察出版社 2002 年版。

14. 林嘉主编：《劳动法和社会保障法》，中国人民大学出版社 2014 年版。

15. 刘小楠：《港台地区性别平等立法及案例研究》，法律出版社 2013 年版。

16. 蔡定剑、张千帆主编：《海外反就业歧视制度与实践》，中国社会科学出版社 2007 年版。

17. 周伟等：《禁止就业歧视的法律制度与中国的现实》，法律出版社 2008 年版。

18. 林燕玲主编：《反就业歧视的制度与实践——来自亚洲若干国家和地区的启示》，社会科学文献出版社 2011 年版。

19. 研究主持人黄茂荣：《行政机关介入私权争议之研究》，"行政院"研究发展考核委员会编印 2000 年版。

20. 王名扬：《法国行政法》，北京大学出版社 2007 年版。

21. 叶必丰：《行政法的人文精神》，湖北人民出版社 1999 年版。

22. ［日］盐野宏：《行政法》，杨建顺译，法律出版社 1999 年版。

23. ［英］安东尼·奥格斯：《规制：法律形式与经济学理论》，骆梅英译，中国人民大学出版社 2008 年版。

24. ［德］哈特穆特·毛雷尔：《行政法学总论》，高家伟译，法律出版社 2000 年版。

25. 傅红伟：《行政奖励研究》，北京大学出版社 2003 年版。

26. 周伟：《反歧视法研究：立法、理论与案例》，法律出版社 2008 年版。

27. 台湾劳动法学会编：《劳资圣经：经典劳动六法》，新学林出版股份有限公司 2012 年版。

28. 台湾劳动法学会编：《劳动基准法释义——施行二十年之回顾与展望》，新学林出版股份有限公司 2009 年版。

29. 刘学在：《民事公益诉讼制度研究——以团体诉讼制度的构建为中心》，中国政法大学出版社 2015 年版。

30. 吴泽勇：《欧洲群体诉讼研究——以德国法为中心》，北京大学出版社 2015 年版。

31. 谢晓尧：《在经验与制度之间：不正当竞争司法案例类型化研究》，法律出版社 2010 年版。

32. 芮沐：《民法法律行为理论之全部》，中国政法大学出版社 2003 年版。

33. 王希：《原则与妥协：美国宪法的精神与实践》，北京大学出版社 2014 年版。

34. ［德］雷蒙德·瓦尔特曼：《德国劳动法》，沈建峰译，法律出版社 2014 年版。

35. ［美］伯纳德·施瓦茨：《美国法律史》，王军等译，中国政法大学出版社 1989 年版。

36. ［美］R. M. 昂格尔：《现代社会中的法律》，吴玉章、周汉华译，译林出版社 2001 年版。

37. ［英］凯瑟琳·巴纳德：《欧盟劳动法》，付欣译，中国法制出版社 2005 年版。

38. ［美］道格拉斯·C. 诺思：《经济史中的结构与变迁》，上海三联书店、上海人民出版社 1994 年版。

39. 曾世雄：《损害赔偿法原理》，中国政法大学出版社 2001 年版。

40. 《德国民法典》，陈卫佐译注，法律出版社 2015 年版。

41. 王泽鉴：《民法学说与判例研究》（第一至八卷），中国政法大学出版社 2003 年版。

42. 王泽鉴：《法律思维与民法实例：请求权基础理论体系》，中国政法大学出版社 2001 年版。

43. 王利明等：《民法学》，法律出版社 2015 年版。

44. 王泽鉴：《侵权行为法（第一册）》，中国政法大学出版社 2001 年版。

45. ［德］迪特尔·梅迪库斯：《德国民法总论》，邵建东译，法律出版社 2000 年版。

46. 信春鹰主编：《中华人民共和国就业促进法释义》，法律出版社 2007 年版。

47. 冯祥武：《反就业歧视法基础理论问题研究》，中国法制出版社 2012 年版。

48. 王泽鉴：《民法思维：请求权基础理论体系》，北京大学出版社 2009 年版。

49. 易菲：《职场梦魇：性骚扰法律制度与判例研究》，中国法制出版社 2008 年版。

50. ［日］荒木尚志：《日本劳动法》，李坤刚、牛志奎译，北京大学出版社 2010 年版。

51. 谢哲胜等：《雇用人的侵权责任》，元照出版公司 2017 年版。

52. 张绍明：《反击性骚扰》，中国检察出版社 2003 年版。

53. 薛宁兰：《社会性别与妇女权利》，社会科学文献出版社 2008 年版。

54. 曹艳春、刘秀芬：《职场性骚扰雇主责任问题研究》，北京大学出版社 2016 年版。

55. 陈新民：《公法学札记》，中国政法大学出版社 2001 年版。

56. 杨建顺主编：《比较行政法——给付行政的法原理及实证性研究》，中国人民大学出版社 2008 年版。

57. ［英］鲍勃·赫普尔：《平等法（第二版）》，李满奎译，法律出版社 2020 年版。

58. Richard A. Bales, Jeffrey M. Hirsch, Paul M. Secunda, *Understanding Employment Law*, LexisNexis, 2007.

59. International Labour Office, *Equality at Work：The Continuing Challenge——Global Report under the Follow-up to the ILODeclaration on Fundamental Principles and Rights at Work*, ILO Publications, 2011.

60. Sandra Fredman, *Discrimination Law*, Oxford University Press, 2011.

61. Jana Howard Carey, *Sexual Harassment in the Workplace: Designing and Implementing a Successful Policy*, Conducting the Investigation, Protecting the Rights of the Parties, Practising Law Institute, 1992.

62. Richard A. Bales, Jeffrey M. Hirsch, Paul M. Secunda, *Understanding Employment Law*, LexisNexis, 2007.

63. Peggie R. Smith, Ann C. Hodges, Susan J. Stabile, Rafael Gely, *Principle of Employment law*, West, 2009.

64. Jennifer Ann Drobac, *Sexual Harassment Law: History, Cases, and Theory*, Carolina Academic Press, 2005.

65. Barbara Lindemann and David D. Kadue, *Sexual Harassment in Employment Law*, BNA Books, 1992.

66. Mark A. Rothstein, Charles B. Craver, Elinor P. Schroeder, Elaine W. Shoben, *Employment law (third edition)* [M]. West, 2005.

67. Richard A. Bales, Jeffrey M. Hirsch, Paul M. Secunda, *Understanding Employment Law*, LexisNexis, 2007.

68. David P. Twomey, *Labor and employment law—text and cases (fourteenth edition)*, South-Western, 2010.

69. Catharine A. MacKinnon, *Sexual Harassment of Working Women: A Case of Sex Discrimination*, Yale University Press, 1979.

论文类

1. 谢增毅:"美英两国就业歧视构成要件比较 兼论反就业歧视法发展趋势及我国立法选择",载《中外法学》2008年第4期。

2. 喻术红:"反就业歧视法律问题之比较研究",载《中国法学》2005年第1期。

3. 李成:"职业歧视的法律定义",载《华东政法大学学报》2016年第3期。

4. 阎天译:"格瑞格斯诉杜克电力公司案",载张翔主编:《宪政与行政法治评论（第七卷）》，中国人民大学出版社 2014 年版。

5. 郭慧敏、丁宁："就业性别平等立法模式选择"，载《中国青年政治学院学报》2006 年第 3 期。

6. 许叶萍、石秀印："在'社会'上贡献，于'市场'中受损——女性就业悖论及其破解"，载《江苏社会科学》2009 年第 3 期。

7. 刘明辉："反就业性别歧视专门立法迫在眉睫"，载《中国妇女报》2016 年 5 月 3 日，第 B02 版。

8. 张姝："论就业歧视的狭义界定——我国就业歧视法律规制的起点"，载《当代法学》2011 年第 4 期。

9. 谢根成、周颖："论反就业歧视的民事救济权利"，载《河南师范大学学报（哲学社会科学版）》2011 年第 5 期。

10. 王显勇："公私兼顾论：我国反就业歧视法行政实施机制构建研究"，载《法律科学（西北政法大学学报）》2019 年第 2 期。

11. 蒋永萍"社会性别视角下的生育保险制度改革与完善———从《生育保险办法（征求意见稿）》谈起"，载《妇女研究论丛》2013 年第 1 期。

12. 阎天："重思中国反就业歧视法的当代兴起"，载《中外法学》2012 年第 3 期。

13. 王显勇："回归与变革：我国失业保险法律制度的完善之路"，载《四川大学学报（哲学社会科学版）》2017 年第 5 期。

14. 焦兴铠："台湾就业歧视评议制度之现状及实施检讨评析"，载林嘉主编：《社会法评论（第三卷）》，中国政法大学出版社 2008 年版。

15. 周伟："中华人民共和国反歧视法学术建议稿"，载《河北法学》2007 年第 6 期。

16. 周洪宇："《反就业与职业歧视法》立法构想及建议稿"，载《武汉商业服务学院学报》2006 年第 2 期。

17. 谢增毅："英国反就业歧视法与我国立法之完善"，载《法学杂志》2008 年第 5 期。

18. 李雄、刘山川："我国制定《反就业歧视法》的若干问题研究"，载《清华法学》2010 年第 5 期。

19. 谢卫华："论赋予法院对行政裁决司法变更权的必要性"，载《行政法学研究》2003 年第 3 期。

20. 周佑勇、尹建国："我国行政裁决制度的改革和完善"，《上海政法学院学报》2006 年第 5 期。

21. 赵红梅："经济法的私人实施与社会实施"，载《中国法学》2014 年第 1 期。

22. 饶志静："英国反就业歧视制度及实践研究"，载《河北法学》2008 年第 11 期。

23. 陶建国、高丽燕："法国禁止就业年龄歧视之对策及权利救济"，载《保定学院学报》2013 年第 6 期。

24. 陶建国："韩国禁止就业年龄歧视的立法及权利救济机制分析"，载《商丘师范学院学报》2008 年第 11 期。

25. 曹俊金："平等就业权司法救济实证研究"，载《中国劳动》2014 年第 9 期。

26. 黄荣飞："论就业歧视中的人格权保护"，载《厦门特区党校学报》2014 年第 5 期。

27. 林嘉、杨飞："论劳动者受到就业歧视的司法救济"，载《政治与法律》2013 年第 4 期。

28. 娄宇："德国反就业歧视的法律规制研究"，载《德国研究》2014 年第 4 期。

29. 谢增毅："美英两国就业歧视构成要件比较 兼论反就业歧视法发展趋势及我国的立法选择"，载《中外法学》2008 年第 4 期。

30. 阎天："就业歧视界定新论"，载姜明安主编：《行政法论丛（第 11 卷）》，法律出版社 2008 年版。

31. 叶启洲："民事交易关系上之反歧视原则——德国一般平等待遇法之借镜"，载《东吴法律学报》2015 年第 3 期。

32. 田韶华、樊鸿雁："论机会丧失的损害赔偿"，载《法商研究》2005 年第 4 期。

33. 王全弟、陈爱碧："侵权法中的机会丧失理论"，载《复旦学报》

2007 年第 3 期。

34. 覃有土、晏宇桥: "论侵权的间接损失认定", 载《现代法学》2004 年第 4 期。

35. 刘志鹏: "'两性工作平等法'草案'整合版'所定职场性骚扰之研究——以日本法制为比较对象", 载《月旦法学杂志》2001 年第 4 期。

36. 高凤仙: "性骚扰及性侵害之定义", 载《月旦法学杂志》2012 年第 8 期。

37. 邱琦: "工作场所性骚扰民事责任之研究", 载《台大法学论丛》2005 年第 2 期。

38. 焦兴铠: "工作场所性骚扰是就业上性别歧视吗?——美国之经验", 载《法令月刊》2004 年第 4 期。

39. 焦兴铠: "美国最高法院对工作场所性骚扰争议第一则判决之研究——Meritor Savings Bank v. Vinson 一案之评析", 载《劳资关系论丛》1999 年第 9 期。

40. 谢棋楠: "工作场所性骚扰防治措施申诉及惩戒办法订定准则探讨:美国法之经验", 载《法学新论》2010 年第 5 期。

41. 刘小楠、黄周正: "在人权视野下构建工作场所性骚扰防治机制——'北京+25'回顾与展望", 载《人权》2020 年第 2 期。

42. 林佳和: "2006 年德国一般平等待遇法——劳动法领域平等贯彻的新契机?", 载《成大法学》2008 年第 1 期。

43. 田思路: "日本职场性骚扰的法律规制", 载《日本研究》2010 年第 2 期。

44. [日] 盛诚吾: "日本男女雇佣平等立法的发展", 侯岳宏译, 载《月旦法学杂志》2010 年第 6 期。

45. 王如玄、李晏榕: "认识'性骚扰'——从'性骚扰防治法'、'两性工作平等法'与'性别平等教育法'谈起", 载《检察新论》2007 年第 1 期。

46. 王显勇: "无固定期限劳动合同法律制度的完善路径", 载《法学》2018 年第 12 期。

47. 杨立新、张国宏: "论构建以私权利保护为中心的性骚扰法律规制体系",载《福建师范大学学报(哲学社会科学版)》2005年第1期。

48. 问清泓:"反性骚扰立法研究——以劳动法为新视野",载《华中师范大学学报(人文社会科学版)》2007年第1期。

49. 王显勇:"论平等就业权的司法救济",载《妇女研究论丛》2020年第2期。

50. 第三期中国妇女社会地位调查课题组:"第三期中国妇女社会地位调查主要数据报告",载《妇女研究论丛》2011年第6期。

51. 李静雅:"社会性别意识的构成及影响因素分析——以福建省厦门市的调查为例",载《人口与经济》2012年第3期。

52. 於嘉、谢宇:"生育对我国女性工资率的影响",载《人口研究》2014年第1期。

53. 董克用、李刚:"比利时失业保险体系对中国失业保险改革的启示",载《人口与经济》2008年第3期。

54. 潘锦棠:"北京市女职工劳动保护费用调查分析",载《妇女研究论丛》2005年第2期。

55. 郑津津:"美国就业歧视法制之研究"载《台大法学论丛》2003年第4期。

56. Deborah L. Brake, *Retaliation*, 90 Minnesota Law Review 18, (2005).

57. Marcia L. McCormick, *The truth is out there: revamping federal antidiscrimination enforcement for the twenty-first century*, 30 Berkeley J. Emp. &Lab. L. (2009).

58. David Freeman Engstrom, *The Lost Origins of American Fair Employment Law: Regulatory Choice and the Making of Modern Civil Rights*, 63 Stan. L. Rev. 1071, 1086 (2011).